初中英语教学模式实践研究

于 文 著

北京工业大学出版社

图书在版编目（CIP）数据

初中英语教学模式实践研究 / 于文著． — 北京：
北京工业大学出版社，2021.10重印
ISBN 978-7-5639-7109-1

Ⅰ．①初… Ⅱ．①于… Ⅲ．①英语课—教学模式—教
学研究—初中 Ⅳ．① G633.412

中国版本图书馆 CIP 数据核字（2019）第 257062 号

初中英语教学模式实践研究

著　　者：于　文
责任编辑：刘卫珍
封面设计：点墨轩阁
出版发行：北京工业大学出版社
　　　　　（北京市朝阳区平乐园 100 号　邮编：100124）
　　　　　010-67391722（传真）　bgdcbs@sina.com
经销单位：全国各地新华书店
承印单位：三河市元兴印务有限公司
开　　本：710 毫米 ×1000 毫米　1/16
印　　张：12.25
字　　数：245 千字
版　　次：2021 年 10 月第 1 版
印　　次：2021 年10月第 2 次印刷
标准书号：ISBN 978-7-5639-7109-1
定　　价：52.00 元

前　言

新课程的实施顺应时代发展的需要，以培养学生健全的个性和完整的人格为己任，努力构建符合素质教育要求的基础教育课程体系，在课程目标、课程功能、课程结构、课程内容、课程实施、课程评价，以及课程管理等方面都发生了重大变革，较原来的课程有了重大创新和突破。

新课程的实施是我国基础教育战线一场深刻的革命，新的理念、新的教材、新的评价，强烈地冲击着现有的教师培训体系，对广大中小学教师和教育工作者提出了更高、更新的要求。教师自身的理论素养和实践能力是决定课程改革成败的关键所在。它要求中小学教师迅速走进新课程，理解新课程，确立一种崭新的教育观念，改进原来习以为常的教学方法、教学行为和教学手段，重新认识和确立自己的角色，树立课程意识，不断提升专业水平。

《初中英语教学模式实践研究》是作者多年实践和思考的结果，对促进初中英语教师更新教育观念、理解课程标准、提高教学水平，以及更快地适应新课程理念下的英语教学，有一定价值。书中的内容尽可能反映初中英语课程教学方面的最新研究成果，贴近一线教师的教学实践，为初中英语教师提供系统的学科课程理念和教学策略。

教师专业发展是课程改革的关键。让我们以积极的姿态、高昂的热情，投入新课程改革的浪潮之中，与新课程共同成长！由于作者水平有限，书中难免有一些疏漏或不足之处，敬请广大专家、读者批评指正。

目　录

第一章　教学模式与教学策略研究

第一节　教学模式研究

教学模式的构建要体现知识经济时代的发展对人才培养的要求，要体现时代的特征。我们的教育是为明天培养人才，是为新时代人才的成长打基础。这种基础不仅仅是一般的语言知识和语言能力，还是终身学习的意识、会学习和跨学科学习的能力。新时代人才要有探究创新能力，有服务社会、创造社会的能力，有合作学习的能力。只有这样的人才才能适应新时代发展的需求。所以构建任何一种教学模式，必须在素质教育的大框架下，有利于促进学生的主动、全面、和谐发展，为每个学生的个性发展提供空间。

一、培养创新思维能力

创造性对于人类来说具有至关重要的作用，一部人类的进步史就是一部创造文明史。美国著名教育家泰勒曾说过："创造力不仅对科技进步，乃至全世界都有重要的影响。哪个国家能最大限度地发掘、发展和促进人民的创造力，哪个国家在世界上就处于非常重要的地位。"创造力的重要性由此可见一斑。创造力是人类普遍存在的一种能力，并不是一种神奇的不捉摸的能力。因此，如何通过课堂教学开发和训练学生的创新思维能力成了当今教育界的热门话题。

1. 创新思维的内涵

随着心理学的发展和对创造力的研究，人们对创造力有了进一步的了解。研究发现，90% 的 5 岁孩子具有创造力，10% 的 7 岁儿童具有创造力，而成人中具有创造力的只有 2%。创造力是幼龄儿童的天赋，随着年龄的增长，人的创造力呈下降趋势。实验结果显示，人的左右两个大脑的功能是不相同的，左脑有理解语言的语言中枢，右脑有与之对应的接受音乐的音乐中枢。因为语言中枢在左脑，所以左脑主要完成语言的、逻辑的、分析的、代数的思考认识和行为，而右脑则主要负责直观的、综合的、几何的、绘图的思考认识和行为。

研究显示，人脑的大部分记忆是将情景以模糊的图像存入右脑，就如同录像带的工作原理一样。所谓思考，就是人的左脑一边观察右脑所描绘的图像，一边将其符号化、语言化的过程。我们现在所说的创新能力，或者说创造力，就是将大脑中那些被认为是毫无关系的信息连接和联系起来的能力。人是不能创造出信息的，所谓创造力就是对已有的信息再加工的过程，所以说右脑是创新的源泉，因为假如右脑本身没有存储大量的信息，创造力也就无从谈起。所以如果要培养创新能力，就必须充分使用右脑。但遗憾的是，研究结果表明，95% 以上的人一生中仅仅使用自己的半个大脑，而使另一半大脑闲置。原因在于两方面：一方面，人体的自然生理属性。多数人主要通过右手使用各种工具，左脑每天都受不同程度的刺激，加上语言中枢、逻辑分析、数字处理和记忆等活动都由左脑处理，所以造成左脑满负荷运作。另一方面，传统的应试教育和死记硬背的学习方法加重了左脑的负担。要培养学生的创新思维能力，必须开发右脑的潜力。研究表明，开发右脑潜力并没有年龄限制，任何人的右脑都可以通过锻炼得以活化。人到 20 岁时，大脑细胞组织大体全部形成，所以中小学阶段正是培养孩子创造力的最佳时机。我们要抓住孩子大脑产生的创造性的设想，有时可能只是一种直觉或一个闪念，那可能就是创新的火花。如果开发右脑的方法得当，创造力将伴随孩子一生。

2. 启迪创新思维的途径

素质教育的三条基本精神中很重要的一条就是培养学生的创新精神。教育就是要培养学生的创新思维和创造精神，这是所有从事教育的人们的共识。至于如何培养学生的创新精神，仁者见仁，智者见智。基础教育属于创新教育的最前沿阵地，作为素质教育重要的一环，"创新教育"的实施效果不太好。这其中既有观念上的误区，又有管理层和教师自身的问题。

在学校教育中，不少人认为只有聪明孩子才可能有创造力。实际上创造力不是聪明孩子的专利，任何孩子都可能有创新思维。创造力与智力有关，统计分析证明，创造力需要至少 120 的智商，在这个智商水平以上的人则可能具有很大的创造力，也可能没有，这不是绝对的。R. 斯坦伯格主编的《创造性手册》一书认为，那些具有高度分析能力的人大多不一定具有很高的创造性，他们对事物能分析得非常清楚，但常常找不到一条新路。同样，受过良好教育、知识渊博的人的创造力也不一定高，因为他们倾向于遵循已有的成功模式，而不敢尝试创造崭新的方式。创新精神的培养需要适宜的土壤和环境，而课堂教学是培养学生创新素质的主阵地、主环境。据报载，头脑奥林匹克活动创始人米克卢斯博士认为，只要孩子有研究和解决问题的意识，就会有创造力。所以课堂教育的重要问题在于培养学生发现问题和解决问题的意识和兴趣。

通过课堂教学培养学生的创新精神，首先必须建立一种科学的学习—教学机制，改变过去那种片面的思维定式，改变单一的"传授知识—接受知识"和以老师、课堂、课本为中心的教学模式，而代之以突出学生的主体性和教师的主导性的新模式。对新知识的讲授要注意启发学生的发散思维，激发他们的好奇心，鼓励他们提出问题，引导他们主动探索解决问题的方法。如在英语听力、阅读课的教学中，利用"头脑风暴法"（brainstorming）或其他热身方法，通过学生对新话题背景知识（也叫图式）的了解巧妙地导入新课；课上的对子活动、小组讨论、角色表演或戏剧活动对低年级的学生尤其适用；高年级可就学生所学的感兴趣的专题进行讨论、辩论，还有适合不同学生的各类课外兴趣小组。这些活动都有助于培养学生的创新思维。但教师一定要注意激发和保持学生的兴趣和热情，因为兴趣是最好的老师。如果一个学生不是出于兴趣去发现问题，那么他就不可能有兴趣花费时间和精力去解决问题。瑞士著名心理学家皮亚杰认为："教师不应企图将知识硬塞给儿童。"因为只有通过学生自己的思考和再创造而获得的知识才能真正地被掌握。古人有一句话："学起于思，思起于疑。"就是说，没有疑，就没有思，没有思，就谈不上学。爱因斯坦也有类似的看法："提出一个问题往往比解决一个问题更重要。"因为强烈的创新意识来源于永不满足的好奇心，所以课堂上组织的各种活动要给学生创造展示、交流、质疑、研讨的机会，整个教学过程要使学生从有准备到全身心投入，到主动展示，到兴奋，到痴迷，再到乐学与会学。只有这时候，学生的思维才能进入创造阶段。

现代教育理念是让课堂充满问题，这是与基础教育改革一脉相承的，它可以培养学生的创新思维能力。传统教育寻求清一色的标准答案，学生不会也不敢质疑教师在课堂上所讲的一切，老师讲的就是真理，答案只有一个。如果我们希望培养学生的创新精神，课堂教育就必须鼓励学生独立思考，敢于怀疑，敢于挑战，敢于提出问题，鼓励学生自己去寻找问题的答案。寻找答案的过程也许比找到答案更为重要，因为它可以培养学生独立思考、独立探索及质疑、反思的精神。对一些有争议的回答，教师不要过早下结论，要允许学生持有不同的观点，这也许就是学生创新思维的火花。西方教育鼓励孩子标新立异，以图画课画猫为例，在美国30人的班级会画出30种神态各异的猫，而在我们传统的课堂里，只有与老师画得一模一样的猫才能得高分。这不仅仅是东西方文化的差异，也是教育理念的差异。现代教育倡导让学校适应学生，而不是让学生适应学校。整齐划一的教育虽然看上去教学效果不错，但各种各样的条条框框对学生的约束容易扼杀学生的创新思维。所以课堂上教师对学生的任何提问都要表现出浓厚的兴趣，这样可以增强学生提出问题的欲望。教学是一门艺术，作为教师，既要善于向学生提出问题，也要学会听学生发问，这样不仅可以激发学生的思考能力，还可以培养学生的表达能力。教师要善于训练学生的发散性思维，因为发散性思维是一种搜寻策略。这种策略的注意面较广，可以把已有的各种图式联结起来，联结的过程本身就是创造性的设想。所以教师要学会训练学生从不同途径、不同角度去考虑问题。

二、开发多元智能

创造力作为人类智能的一部分，体现方式因人而异。20 世纪 80 年代，美国哈佛大学哈沃德·加德纳教授提出了"多元智能"理论，从那时以来，人们开始探索如何将多元智能理论运用于教学实践，开发学生的多元智能。

1. 开发多元智能的原因

加德纳教授的多元智能包括语言智能、数理逻辑智能、空间视觉智能、音乐智能、身体运动智能、人际交往智能、自我意识智能和感受自然智能，其中感受自然智能是加德纳教授最后加进来的一种智能。加德纳教授认为，每个人都有一套自己的解决不同问题的技能，只是人与人之间的智能倾向表现不同而已，学习者越是能均衡发展这几种智能，就越有可能创造性地应付未来面临的各种挑战。多元智能理论准确地反映了人的差异，对教育的影响极大。国家英语课程标准组组长、北京外国语大学陈琳教授认为，西方的多元智能实际上等同于我们倡导的素质教育，从这个意义上讲，多元智能的开发与素质教育的实施是一致的，所以着眼于构建新时代人才培养的模式必须考虑学生多元智能的开发。

要开发学生的多元智能，要承认多元智能的存在，承认个体差异，了解每个人在智能上的优势与弱项，不能完全根据学生终结性考试成绩或课堂上的某些行为表现就断定有些学生有发展前途，有些则没有。其实任何一个智商正常的学生都有他的强项，关键在于教师要善于发现不同学生的聪明才智是如何以不同的方式表现的，然后根据学生不同的智能特点因材施教，使学生的优势智能得以充分发挥，弱势智能得以弥补，尤其要注意学生试图避开或不常用的智能，那也许就是他的弱项。教师在课堂教学中要正确地把握教学目标，关爱每一个学生，在认识每一个学生智能倾向的基础上选择适宜的教学方法，构建自己的教学策略，正确地辨析与评价，以促进学生多元智能的开发。

在课堂教学中如何使用多元智能理论，实际使用中会发现有很多问题。芝加哥大学教授本杰明·布卢姆在20世纪50年代提出的"教育目标分类学"将认识这一复杂过程分为六种水平：①知识：机械记忆技能（事实、词语、程序、分类方式）；②理解：对资料加以转化、释义、解释或推知的能力；③使用：把知识从一种环境迁移到另一种环境的能力；④分析：发现一个大的整体中的各个组成部分并对各个组成部分加以区分的能力；⑤综合：把各个组成部分合成一个整体的能力；⑥评价：使用一套标准对信息的价值和用途做出判断的能力。纳尔森在她的《发展学生的多种智力》一书中对每一类智能的六种水平又做了具体的描述。认真研究布卢姆的理论必将有助于对学生多元智能的培养，也能有效地激发和发展学生的高度思维技能。

2. 在教学中开发多元智能的途径

现代知识的多样化和多元智能的开发都要求教学模式和教学方法的多样化。教师在设计每一节课时，要认真考虑如何将各种智能的培养纳入课程计划之中。如如何通过阅读、写作和口头表达培养学生的语言智能；如何通过音乐、声响、节奏和舞蹈培养学生的音乐智能；如何通过数字、分类、创造性思维培养学生的数理逻辑智能；如何将形象、颜色、美术、图形和图片纳入教学来培养学生的空间视觉智能；如何通过结对子和开展小组活动及讨论培养学生的人际交往智能；如何通过学生的独立学习和探索培养自我意识智能；如何通过活动、运动、戏曲表演及手工工艺培养学生的身体运动智能等。就是说，课堂教学不能局限于某一种教学方法或教学手段，尤其对初中生，要尽量使用各种不同的教学方法和教学手段，使之触动学生的各种不同的感官。课堂教学要尽量利用直观教具和现代信息技术手段，增强语言的真实感，激发学生的学习兴趣。再通过设计安排各种不同的活动给学生提供使用语言的真实或模拟情景，使知识的学习不仅仅停留在记忆、理解水平，而是提高到使用，进而到分析、综合和评价的水平。课堂互动活动的形式也要经常有所变化，即便是同一模式，也要避免千篇一律，甚至外语教室的布置也要常常给人以耳目一新的感觉。除此之外，教师还要鼓励学生在课堂之外以兴趣小组、专题研究等方式发展自己的个性。这样，多元智能的综合运用才能收到最佳的学习效果。这与研究性学习的指导思想是一致的，因为研究性学习的先决条件就是要了解学生的智能状态。

教学方法的多样化固然重要，但每一节课后的自我评价也十分必要。评价包括教学双方，一个是教师对教学的评价，另一个是学生对学习的评价。教师要积极思考，认真反思：对每一节课的成功之处是什么，使用了哪几种智能，其效果如何，缺憾是什么，哪些学生对哪些活动感兴趣，哪些学生对哪些活动缺乏兴趣，哪些活动并未收到预想的结果，原因是什么，是否可以通过其他方法取得更理想的结果等。学生也应该学会对自己每一节课的学习行为进行自我评价：哪些活动收效较大，哪些活动收效较小，原因是什么，哪些是自己的强项智能，哪些是自己的弱项智能，如何改进自己的弱项等。教学双方对这些问题的反思和沟通不仅有利于教师教学的不断改进，也有利于学生多元智能的开发。

三、提倡探究性学习

探究性学习是一种积极的学习过程，主要指的是学生在教师的指导下根据各自的兴趣爱好选择不同的研究课题，独立自主地探索问题的学习。探究既然是学习过程，就应让学生自己思考怎么做，甚至做什么，而不是让学生接受老师对某一问题的现成结论；探究又是一种手段，是一种学习方式，目的在于掌握科学内容、科学方法，形成科研能力。这种学习方式的突出特点是坚持学生在学习过程中的自由选题、自主探索和自由创造，所以这种学习有利于学生的创新能力的培养和多元智能的开发。

1. 探究性学习与研究性学习

现在报纸杂志上有两种提法：一是探究性学习，另一个是研究性学习。这给人们造成了很多困惑。探究和研究到底是同一种研究，还是有所区别，区别又是什么，需要有一个界定。上海教育科学研究院智力开发研究所陆景先生认为，研究性学习指的是学生在教师的指导下根据自己的兴趣爱好和条件选择不同的研究课题以类似科学研究的方式独立自主地开展研究，从中培养创新精神和创造能力的一种学习方法。这种学习方法通常要围绕一个需要探究解决的特定问题展开，所以又称为"主题研究学习"，现在人们常说的研究性学习是探究性学习、社会探究及实践性探究的综合。根据陆景先生所说，我们现在说的探究性学习实际上是研究性学习的一种。对于基础教育阶段到底是使用研究性学习方式还是探究性学习方式，我们不妨从上海对这方面的研究中获得一些灵感。上海在全国率先开展"研究型课程"学习研究，他们将初中阶段的这一课程称为"研究型课程"，而将义务教育阶段称为"探究型课程"。虽然我们说的是学习方式而不是课程，但还是可以从中体味到研究与探究的不同之处。这两种提法虽然同属研究，但是有层次之分。由于本书探讨的是初中英语教学模式，所以用探究学习似乎更合适些。加涅将学习分为三类：概念学习、规则学习和问题解决学习。每一种学习都是以前一种学习为基础的。由此看来，探究性学习应属于解决问题的高级学习，是运用概念和规则解决问题的学习。

在历史上，探究性学习至少被大规模地倡导过三次。第一次倡导"探究性学习"发生于18世纪末到19世纪的欧洲，主要倡导者是欧洲最伟大的思想家之一——卢梭，其目的是将人从中世纪的蒙昧、迷信和盲从中解放出来。第二次倡导"研究性学习"发生于19世纪末到20世纪初的美国，主要倡导者为美国哲学家、心理学家和教育家杜威等人，目的在于培养适应现代社会需要的改造自然和社会的人才。第三次也是距离现在最近的一次倡导"探究性学习"发生于20世纪50年代末至70年代的美国、欧洲诸国及亚洲的日、韩等国，主要倡导者为美国心理学家、教育家布鲁纳等人。但这几次"探究性学习"大多局限于某一方面。如布鲁纳倡导的"探究学习"的内容主要是探究理科的学科结构，目的是适应冷战需要，培养造就智力超群的科技精英。布鲁纳于1952年开始任哈佛心理学教授，1960—1972年主持哈佛认知研究中心，1972年开始任牛津大学实验心理学教授。他研究过幼儿知觉、学习和记忆等，将皮亚杰的认知发展阶段概念引入课堂。在他的《教育过程》一书中，他提出如果用恰当的方法使用教材，那么任何课题都能教给任何发育阶段的任何儿童。他认为所有儿童都有着天然的好奇心和求知欲，教学任务的设计要有适当的难度，但不可太难，如太难，学生容易产生厌烦情绪。他建议课堂教学应从直接接触实物开始，到对实物的可认知性有所理解，最后达到用符号语言抽象地处理实物的水平。同皮亚杰一样，布鲁纳不仅对美国的教育系统而且对世界其他国家的某些教育观念都产生过影响。但就包括布鲁纳在内的几次"探究性学习"来说，内容都比较狭窄，而且脱离学生生活实际。我们今天倡导的"探究性学习"，主张从学生自身生活和社会生活中选择问题，面向学生的整个生活与科学世界，所以这种探究更贴近学生的实际生活。

2. 在教学中实施探究性学习的途径

新一轮基础教育课程改革大力倡导在各学科教学中面向全体学生开展多样化的探究式学习，这就是说，探究性学习不只适用于其他学科，同样适用于英语学科。通过对语言和文化方面的一些课题的研究和探索，在获得必要的语言和文化知识和技能的同时，还能有助于学生认识和掌握探究与探索问题的基本方法和途径，增强学生探究学习的能力。实施以创新精神和实践能力为重点的素质教育，就是要帮助学生改变那种过分偏重于机械记忆、浅层理解和被动接受知识的学习方式，使学生有效地接受学习的同时，形成一种对知识进行主动探求的良好学习习惯，学会解决实际问题的学习方法。实际上，探究性学习给学生提供了亲自参与探索的体验机会，通过探索培养科学态度和科学精神，掌握基本的科学方法，同时在探索过程中学会与他人沟通。更重要的是，它可以充分发挥学生学习的主动性和创造性，增强学生的自学能力，培养学生学会分析问题和解决问题的综合应用能力，培养学生成为个性健全发展的人。"创造"是人的本性，个性的健全发展是倡导探究性学习的出发点和归宿。探究性学习不仅仅是转变学生的学习方式，学习方式的转变仅仅是目的之一，旨在通过探索研究培养学生健全的人格，促进学生学会学习乃至获取终身学习的能力，这才是最重要的。

当然，我们现在倡导的探究性学习与科学工作者们的研究探索不能画等号，他们的研究需要一定的专业知识和研究能力，是成人所进行的正规研究，我们不能拿成人研究的规范来要求孩子的探索活动。初中生刚刚走出小学的大门，他们的知识结构、认知水平和对社会的了解还远远达不到真正的研究水平，他们的探究性学习只是一种学习活动，而不是真正意义上的研究活动。当然，这并不是说我们只重过程不重结果，探索的结果同样是重要的。根据加涅的"学习条件"理论，作为结果的知识是任何学习的必备条件之一，没有知识做基础或不获得知识的学习是不成立的。即便是小学生，也需要从日常的生活中积累大量的感性知识，新的学习和研究才有可能发生。探究性学习和课题的确立应遵循以下几个原则：

①探究性学习一定要面向全体学生，不只是几个尖子生，要充分考虑学生的个体差异；

②要正确处理好学生自主学习与教师指导的关系，要珍视学生独特的感受和理解，引导学生积极反思；

③在探究过程中要强调同伴之间的合作交流，通过探究学会与他人沟通、交往，为今后进入社会打下基础；

④在探究过程中不仅要强调动手，更要强调动脑，通过探究初步掌握分析问题和解决问题的能力；

⑤让学生在探究过程中既体验成功，又体验失败，使学生在实践中真正体会"失败是成功之母"的道理；

⑥研究课题的选择，应该有利于激发学生的学习兴趣，有利于增强自主学习的能力，有利于智力的开发，通过研究活动培养学生的观察、记忆、思维、想象和创造能力。

研究内容的选择十分重要，既要听取教师的意见，又要尊重学生的自我选择。根据学生的语言水平和研究能力，可以从英语学习规律、学习策略、学习方法等方面进行探索，如如何提高听力水平，阅读中如何兼顾阅读理解和阅读速度，如何扩大词汇量，如何对词汇进行归类记忆效果最佳，怎样通过语境学习生词，如何通过联想记忆生词，怎样才能掌握英语中的一些常用动词，怎样提高口语的流利度，如何写英文日记等。还可以从中英两种语言和文化的差异上进行对比研究，也可以就一些普遍存在的问题和困惑进行探索，如这两种语言在语音、语法、词汇表达上的差异，这两种文化在一些风俗习惯、礼仪方面的异同，英语学习中存在的词汇遗忘问题，翻译中的中英文表达上的差异问题等。课题宜小不宜大，宜具体不宜抽象。课题的选择要接近学生的实际学习水平，不可过低，如对人人皆知的事实再去探究就失去了意义，学习没有挑战性，就难以激发兴趣；但也不可过高，"跳一跳也摘不到果子"就容易失去信心，没有信心，就产生不了动力。教师对学生的探究活动要有检查，有指导，在不同的学习阶段要提出不同的要求。

探究性学习虽然有很多不可多得的益处，但不能就此认为其他方法都是落后过时的、应该摈弃的，也不能就此全盘否定教师讲、学生听的接受性学习方法。就人的个性发展而言，"研究性学习"和"接受性学习"学习都是必要的，在具体的活动中相辅相成。实际上，不同的教学方法各有所长，也各有所短，各种教学方法应该取长补短，相互促进，任何走极端的做法都是不可取的。"探究性学习"与其他学习模式一样，并没有适合所有人的探究学习方法。因为人与人之间存在个体差异，所以每个人的探究学习方式也必然有所不同。探究性学习不是少数尖子生的专利，它必须面向全体学生，所以不应该只有一个评价标准，应该有多元价值标准。不同的学校开展的探究性学习活动应该体现自己学校和所在区域的特点，刻意模仿照搬而不考虑自身的具体情况是不足称道的。

探究性学习无疑是一种有效的学习方式，它既能促进学生的个性发展，又能启发学生的创新思维，还能通过经常开展探究活动使探究变成一种终身有益的研究探索能力。所以探究性学习应该渗透到我们的英语教学中，体现在教学模式的构建中。

四、倡导合作学习精神

建构主义是认知主义的进一步发展。当今的建构主义者认为，世界是客观存在的，但是对于世界的理解和赋予的意义却是由每个人自己决定的，学习是学习者主动建构内在的心理表征的过程。我们并非将知识从外界搬到我们的记忆中，而是以自己已有的经验为基础通过与外界的相互作用来构建新的知识。由于我们每个人的经验及对经验的认知不同，于是我们对外部世界的理解也必然不一样。所以建构主义者更关注如何以原有的经验、心理结构和信念为基础来构建新的知识，他们强调学习的主动性、社会性和情境性。

1. 提倡合作学习的原因

美国加州大学的维特罗克等人对中小学学生的学习过程做的大量研究表明，学习过程的生成模式虽然是假想的，但它是认知结构理论在教学中的具体化。任何一门学科的学习和理解都不是在白纸上画画，学习总要基于学习者原有的认知结构来理解和构建新的知识或信息。任何一个人对事物的理解都是建立在自身经验的基础上的，都是以自己的方式理解事物的某些方面，所以对事物的理解难免有失偏颇，只有通过与别人的交往，才能使自己对事物的理解更加丰富和全面。所以课堂教学要为学生创造合作学习的机会。合作学习，使他们能看到那些不同观点的基础，这有助于学生学会从各种不同的角度理解和分析问题，增强学生的利他行为，同时也能增强学生的自尊、自强及思维能力。通过不断地反思，看到自己抓住了什么，遗漏了什么，然后对各种观念加以重新组织。所以合作学习不仅有利于学生加深理解，而且有利于他们建构能力的发展。这种合作学习的思想与维果茨基对社会交往的重视以及"最近发展区"的思想是一致的。学生在与比自己水平稍高的同伴的合作学习中，能将潜在的发展区转化为现实的发展，并能创造更大发展的可能性。这就是说课堂教学不能仅仅是老师讲、学生听，还要有大量的对子学习、小组讨论等活动，这样才有利于培养学生的合作学习精神。

我们的传统教学由于受行为主义思想的影响，认为学习就是通过强化刺激与反应使学生养成良好的习惯。实际上，行为主义者的这种观点无视在学习过程初中生的理解及心理过程，这种单一的强化刺激并不能收到行为主义者所预想的效果。而合作学习为学生营造了一种安全、宽松、愉悦的氛围，在这种氛围中，学生的状态是松弛的，思维是敏捷的。这种氛围对一些性格内向的孩子来说，尤为重要。人在没有心理压力的放松状态下学习，敢想、敢说、敢于与众不同，在不同思维的碰撞中有可能产生智慧的火花。对一个性格内向的孩子来说，面对全班同学与老师对话时容易产生怕出错的思想，加之在老师警觉的目光注视下，越紧张越容易出错，越怕出错越紧张，容易形成心理上的恶性循环。合作学习将个人之间的竞争转化为小组之间的竞争，不仅有助于培养学生的合作精神、团队意识和集体观念，还有助于培养学生正当的竞争意识与竞争能力。如果学生长期处于个体的、竞争的学习状态之中，容易变得冷漠、自私、狭隘、孤僻。尤其是现在的独生子女，由于条件的优越和生长的环境，极易养成冷漠、自私、难以与别人合作沟通的毛病。所以提倡合作学习不仅有利于学生的语言学习，也有利于学生心智的健康发展。

2. 在教学中实施合作学习的途径

无论是从学生心理的健康发展，还是从语言训练的广度或密度来看，传统的老师讲、学生听的这种单一的师生互动教学都是远远不够的，课堂上必须有大量的学生的合作学习。我们并非说全班活动不可行，我们只是强调课堂上的活动应该多样化，既有全班学习，又有合作学习，也有个人自主学习，这样可以适应不同学生的学习需求。

我们的问卷调查结果显示多数学生喜欢小组合作学习，所以课堂教学的活动安排必须考虑初中生的学习特点。至于各种形式的合作学习活动到底如何安排，可根据教学需要和班级的实际情况决定，不一定总是固定的两人一组或四人一组，因为灵活的分组方式有利于激发学生学习的兴趣，使学生产生新鲜感。如拼图阅读的合作学习，小组活动的安排就很有新意，这种安排既有利于培养学生的合作学习精神，又有利于培养学生独立自主的学习能力。教师首先将阅读的文章分成三部分，将全班分成三个大组，每个组阅读一部分，为每一部分阅读设计的任务需要小组全体成员共同努力来完成。然后再将全班重新编组，每组三人，来自三个不同的大组。这次的阅读任务是对整篇文章的阅读理解，只有小组三人共同努力才能获取完整的信息，任何一个人对自己阅读的部分理解上的不准确都可能影响到全组对整篇文章阅读任务的完成。这样的活动对学生很有吸引力，因为有信息差，就有交际，又因每组或每个人掌握的信息都只是整体的一部分，所以需要每一个人的努力才能完成这个工作。所以这种学习方式既有合作，又有交际，还有个人的努力。类似这样的合作学习活动还很多，但需要教师自己去挖掘。

合作学习不仅能增强学生今后与他人的合作精神和社会技能，适当的小组经验还能培养学生的民主价值观和对人际差异的欣赏，而且可以因材施教，容许学生以自己的速度学习，为学生的语言学习从心理上提供了安全的保障。因此我们的课堂教学无论用哪种模式，哪种方法，都必须要有大量的生—生互动的合作学习，如对子学习、小组讨论等。

合作学习与班级集体学习、个人自学一样，都只是学习活动的一种组织形式，能否通过合作学习的方式培养学生的合作学习精神关键还在于活动的内容，所以教师要更多地在合作学习的内容上下功夫。

在组织小组合作学习时还需考虑如下几点：

①小组活动必须保证责任到人。责任到人，使小组成员之间形成一种积极的相互协作的关系，互相促进，相互学习。小组开展的每一项活动都要做到每个成员都承担一定的责任，每一个同学都为小组做贡献，不可将任务只交给成绩好的学生去做，形成过分依赖部分同学的不良倾向，因为小组学习的成功取决于全体成员的共同努力。这样的合作学习可以增强小组和个人的责任感及集体荣誉感，有助于引导学生从相互依赖走向自我独立。

②重视小组内的形成性评价。小组要定期对小组成员的共同活动及每个成员在小组活动中的表现、取得的成绩及情感、态度、策略等方面的发展做出评价。评价应包括他人评价和自我评价两种。这种评价最好纳入整个课程评价体系，目的在于激发学生的学习积极性，增强自信心和成就感，帮助学生有效调控自己的学习过程。小组讨论要注意总结有益的经验，明确小组及每个人努力的方向和目标及达到目标的方法和手段。

③小组人员的安排要注意异质性和互补性。在安排小组人员时，要注意小组成员的多样性，好、中、差学生和男女学生必须混合编组，不可将某一类学生过分集中在一个小组，因为每个学生都有自己的长处和不足。学习较差的学生有自己的强项，好学生也有自己的弱项，男生有男生的优点，女生有女生的长处，所以混合编组可以保证小组成员之间能相互取长补短，在活动中有更丰富的输入和输出，各类不同的观点、看法可以激发灵感，启发创新思维。

在这一部分我们着重探讨的是构建模式应体现的一般原则。无论构建何种教学模式，都应该考虑到我们所处的时代已不同以往。新时代对人才的培养目标有新的要求，这就要求我们的人才培养模式也必须随之变化。教学模式的构建必须有助于对学生综合素质的培养，有助于造就适应时代需求的人才。

第二节 教学策略研究

追求教学的实效性是英语教学的核心目标。而要保证有效教学的实施，教师必须掌握相关的教学策略，协调教学各要素之间的关系；合理利用有限资源，开发新的资源；科学地规划、监控、管理、评价教学，保证教学的顺利开展；选择适当的教学方式，有效地组织学习活动；充分发挥各种教育技术的作用，调动学生的积极性和主动性。那么，什么是教学策略呢？初中英语教学策略又包含哪些内容呢？

一、教学策略的概念

要回答什么是教学策略，首先必须明确什么是策略。根据《简明国际教育百科全书·教学》，策略是指大规模军事行动的计划和指挥，这一点与英语中策略的表达十分相似。在英语中，策略为"strategy"，根据《新牛津英语词典》，指"the art of planning and directing overall military operations and movements"，通俗概念上的"strategy"指"a plan of action or policy designed to achieve a major or overall aim"。由此可见，策略是一种为达成某一目标所制订的行为原则和行为规划。

在教育领域，策略又分为学习策略和教学策略。那么，什么是教学策略呢？

有关教学策略的研究起始于 20 世纪 70 年代，而"教学策略"一词却是伴随"教学模式""教学设计"等概念而出现在我国教育文献中的，近些年开始为越来越多的英语教育工作者所关注，有关教学策略的研究与日俱增，对于什么是教学策略的诠释也不尽相同。总体说来，对教学策略的解释大体有以下四种观点。

（一）教学方法观

有的学者把教学策略视同教学方法。如《简明国际教育百科全书》在阐述了策略的战略色彩之后指出：从更一般的意义上讲，策略是为达到某种目的使用的手段或方法，在教育学中，指教学活动的顺序排列和师生间连续的有实在内容的交流。

（二）教学观念观

皮连生在其《智育心理学》中也指出：教学策略是广义的教学方法，是教师采取的有效实现教学目标的一切活动，包括教学事件先后顺序的安排、传递信息的媒体的选择和师生相互作用的设计等。

（三）教学决策观

有的学者将教学策略视为一种教学观念或原则，通过教学方法、教学模式和教学手段得以实现。普拉特持同样的观点，认为教学策略是促进"有效教学"的原则，并且列举了促进有效教学的 12 项策略，包括"增加完成任务的时间""激发动机""高期望要求""掌握学习"等。

有的学者认为，教学策略是在某种教育观念指导下的体现教学目标、原则、方法、媒体、组织形式、手段等一系列预设行为的综合结构，是"教师根据具体情境，运用一定教学理论去解决某一实际问题的谋略，它既包含解决某一实际问题的教学理论，又包含解决某一实际问题的带有规律性的教学方法"，是教师为了实现教学目标，根据教学情境的特点，对教学实施过程进行的系统决策活动。

（四）教学行为观

持教学行为观的学者认为，教学策略是教师为实现教学目标或教学意图（指难以明确或无须明确的目标）的一系列问题解决行为，是为了达到教学目的，完成教学任务，在对教学活动清晰认识的基础上，对教学活动进行调节和控制的一系列执行过程。

以马登为代表的学者认为，教学策略指能够对语言能力的培养起直接作用的教学程序。按照马登的观点，只有以培养策略能力为目标的教学程序才是教学策略，其他，如为了增加语言知识的教学程序不过是教学活动。

也有的学者认为，教学策略是在特定的教学情境中，为完成教学目标和适应学生学习的需要而做出的教学谋划和采取的教学措施，是为达到有效教学的目的而采用的一切有效原则和教学行为。

尽管各种教学策略观的定义所侧重的教学层面不同，但都强调教学策略的使用以促进实现教学目标、提高教学效率、提升教学实效为宗旨。而要做到这一点，教师就必须根据教学条件，有效地调配各种教学资源，谋划教学过程。从这一点出发，教学策略应该是在特定的教学任务中，为了提高教学的实效性，在某种教学观念、理念和原则的指导下，根据教学条件的特点，对教学任务的诸要素进行的系统谋划，以及根据谋划在执行过程中所采用的具体措施。

特定的教学任务可以是初中英语课程的整体教学、某个时段（学年、学期或单元）的教学，或者一节课的教学，而教学任务的诸要素，一般包括教学目标、教学内容、教学方式、组织形式、教学资源、评价方式等。教学策略中的谋划既包括对教学任务执行之前的系统谋划，也包括教学任务执行过程中的具体措施，谋划和具体措施的执行以是否有利于提升"教学的实效性"为标准。

二、教学策略的内容与结构

根据教学策略所针对的任务，可以将教学策略分为宏观教学策略、中观教学策略、微观教学策略三种类型。

①所谓宏观教学策略，是为完成一项长期的、宏大的教学任务，对这一任务的教学目标、教学内容、教学方式、组织形式、教学资源、评价方式等制订的系统谋划及采取的具体措施。具体地说，宏观教学策略是对整个初中阶段英语教学目标、教学内容、教学方式、教学资源、评价测试的系统谋划。

②所谓中观教学策略，是为完成一个特定时段（学年、学期、单元）的教学任务对教学目标、教学内容、教学方式、组织形式、教学资源、评价方式等制订出的系统谋划及采取的具体措施，也就是对学年、学期和单元英语教学的规划。

③所谓微观教学策略，是为完成某一堂英语课的教学任务，对课堂教学目标、教学内容、教学方式、组织形式、教学资源、评价方式等制订出的系统谋划及采取的具体措施。

根据教学策略所包含的具体内容，可以将教学策略分为单一教学策略和整体教学策略两种类型。

①所谓单一教学策略，指针对单一教学任务、教学要素或教学过程的教学策略，主要包括听力教学策略、阅读教学策略、口语交际教学策略、写作教学策略、词汇教学策略、语法教学策略。除此之外，文化教学、策略教学和评价策略同样也属于单一教学策略的范畴。

②所谓整体教学策略，指以某种特定的教学要素为核心，整合其他要素而形成的一体化的教学策略，通常涵盖教学过程的各个环节，由整体谋划和具体措施构成。经过反复使用和不断完善，整体教学策略逐渐固定下来成为一种教学模式，如英语中的听说教学法、沉默教学法、自然教学法、交际教学法、任务型教学法等。但是，教学模式本身不是教学策略，本书称其为教学策略是指特定的教学模式可以服务于某个特定的教学任务。如果教学模式的选择符合教学条件、教学目标的要求，能够满足学习者的需求，那么教学模式就可以视为整体教学策略。

根据所涉及的范围，教学策略可以分为通用教学策略（也称"普遍性教学策略"）和具体性教学策略。通用教学策略适用于各种课型的教学，包括组织策略、激励策略、提问策略、评估策略等。具体性教学策略用于培养学生的听、说、读、写能力的教学行为，包括词汇教学策略、阅读教学策略、听说教学策略、写作教学策略、语法教学策略等。

教学策略涉及教学的整个过程，涉及教学的方方面面，对教学策略的分类也因此不胜枚举。教学策略既可以指教学的整体规划，也可以是阶段性措施；可以是宏观的原则，也可以是具体的操作方式或技巧。但是，所有的策略都表现为：在对教学的各要素分析的基础之上，在特定的教学条件之下，为完成某一教学任务所做的，不管是整体的教学模式还是具体的操作行为的选择。

三、教学策略与教学方法的区别

有些学者倾向于把教学策略等同于教学方法。其实，本书涉及的教学策略与教学方法有着本质的区别。

在教学策略中，教师需要妥善地处理好预设与生成两者之间的关系，而处理两者之间关系的基本准绳，就是具体措施的实际执行是否有利于提升"教学的实效性"。这也正是教学方法与教学策略的本质区别。教学方法是相对固定的，不能变化的；而教学策略则是需要根据执行的具体情况灵活调整的，也包括对教学方法的调整。全身反应法是一种教学方法，但是如果用于祈使句教学，全身反应法就成为一种教学策略，因为全身反应法能促进学生祈使句的学习和掌握。但是，如果用于课文教学，就不是一种很好的选择，就有失策略性，因为这种方法不能促进学生阅读能力的提高。

四、教学策略与有效教学

1. 有效教学的基本概念

虽然有效教学无可争议地应该是教学的目标和标准，但是对于什么是有效教学却存在不同的诠释，主要体现为三种价值取向：目标取向、技能取向和成就取向。从目标取向的角度出发，有效教学是教师通过一系列的变量促进学生取得高水平成就的教学，也就是说，学生在教师的指导下成功地实现了预定学习目标的教学。

技能取向对有效教学的界定更多的不是看教学目标的实现情况，而是关注教学的复杂性，以及为实现有效教学教师必须具备的教学技能。有效教学的开展需要教师具备良好的思维能力、解决问题的能力、分析反思能力，要求教师充分地了解学生的知识背景，与学生进行清楚的交流与沟通，刺激学生积极地学习与思考。

而成就取向对有效教学的解读与目标取向趋同，只是成就取向更多地把教学的有效性建立在教学与学生的成绩关系之上，把是否提高了学生的成绩作为判断的标准。

教学中各种资源的利用、活动的开展、过程的设计、评价的实施，教学中的一切，都应该指向教学目标。不管从什么角度出发，有效教学都应该是能够促进学生学习与发展的教学，是通过有效的教学准备、有效的教学活动和有效的教学评价来促进学生学习与发展的教学。

2. 有效教学的判断标准

有效教学必须能够促进学生的发展，必须能够实现教育教学目标。但是，对教学有效性的评价不能只看教学是否促进了学生的发展，关键要看在多大程度上促进了学生的发展；也不能只看是否实现了教学目标，重要的是要看教学产出与投入是否成正比。由此来看，评价有效教学的标准应该包括三个方面：

①教学效果，指教学是否实现了预期的教学目标。如果初中阶段的英语教学达到了《英语课程标准》提出的知识、技能、学习策略、情感态度以及文化意识方面的目标要求，那么初中英语教学就可以说收到了预期的教学效果。

每一学期、每一单元、每堂英语课同样有其教学目标，不管是知识性目标还是能力性目标，如果最终目标未能达成，则不可称其为有效教学。

②教学效率，即有效教学以单位时间内效率最高为目标，教学的时间投入必须与教学效率成正比。

人们经常抱怨中国的英语教学费时低效。如果学生做了大量的试题，耗费了大量的休息时间，仍旧不能实现教学目标，则教学不能称其为有效教学。即使学生实现了预期目标，但是如果耗费的时间太多，仍旧不是有效教学。有效教学要求在最短的时间内实现教学目标，教学效率也因此成为一个量的问题，不存在有无教学效率，只有教学效率高低之分。

③教学效益，一是教学效果本身与社会的需求以及学生个人需求之间是否吻合，二是教学的其他投入与教学效果之间的关系。随着教育技术的发展，多媒体、网络等技术开始应用于英语教学。那么，多媒体设备和网络技术的应用在多大程度上促进了教学目标的实现？如果在同样的时间教授同样的内容，不采用多媒体教学、不使用网络技术，通过无辅助教学的方式同样可以收到相同的效果，那么，多媒体设备和网络技术的应用不仅未能促进教学，而且还造成了教学资源的浪费，这种教学也就缺乏应有的教学效益。即使收到了教学效果，

而所学东西对学生的发展，对社会的发展并无促进作用，或者不是学生之所需，那么，教学也同样缺乏应有的效益。

因此，对教学有效性的评价必须关注以下几点：首先，预先设定的教学目标是否符合社会发展的需求，是否符合学生发展的需求。其次，教学是否实现了预期的教学目标。在保证前两点的前提下，如果教学保证了应有的效率和效益，那么就可以称得上有效教学，否则就是低效教学。但是，如果未实现教学目标，就是无效教学。

有效教学是教学策略使用的目标。之所以要分析教学任务，分析学生的需求，分析资源状况，确定教学目标，然后根据教学目标规划教学、设计具体措施，其目的就是更好地实现教学目标。也就是说，教学策略的使用以促成有效教学为目标。

有效教学要求教师教学必须具有策略性。有效教学的开展在很大程度上取决于教师对教育目标把握的程度，教学目标不合适则不能收到教学效益。有效教学总是通过教师良好的教学品质、教学行为、教学技能，以及恰当的教学策略来实现的，没有固定不变的教学模式，没有绝对有效的方法，人们对有效教学的看法也会随着理论的发展，随着价值观的发展而变化。教师必须具备良好的反思能力，不断探求新的教学方法，提高教学设计的水平，才能保证有效教学的开展。有效教学要求教师必须能够根据学生的需求制订教学目标，根据目标需求选择教学方法与教学资源，采用科学的评价方式。也就是说，有效教学中的每个环节都涉及教学策略的有效应用。

教学策略是有效教学的保证。没有宏观的规划策略，就不能设置科学的总体教学目标和阶段教学目标；没有听、说、读、写技能教学策略，就不能保证利用最少的教学资源，在最短的教学时间内培养学生应有的听、说、读、写能力；没有组织策略，就难以保证教学的顺利进行；没有激励策略，就不能保证学生的参与；不能正确使用教学策略，也就难以培养学生的自主学习能力。因此，没有教学策略，就没有有效教学。而要开展有效教学，就必须了解、掌握教学策略。

五、初中英语规划教学策略

根据初中英语教学特点，初中英语教学策略大体可以分为三个组成部分，即宏观规划策略、单项教学策略和通用教学策略。宏观规划策略包括初中阶段的总体教学规划策略、学期教学规划策略和课堂教学设计策略，涉及学期以及单元教学目标的制订、资源利用、教学设计和评价。初中英语教学策略中的单项教学策略，主要包括知识教学策略和技能教学策略，其中知识教学策略指词汇教学策略和语法教学策略，技能教学策略指听力教学策略、阅读教学策略、口语教学策略和写作教学策略。通用教学策略指适用于各种单项教学的教学策略。

1.教学规划的构成

教学规划是对教学设计、实施、评价进行的规划，其中教学实施方案是教学规划的核心内容。教学实施方案的设计建立在需求分析和课程目标基础之上，任何教学方案的设计都必须分析课程总体教学目标，分析在校学生的实际，在需求分析的基础之上，对如何实施课程目标进行规划。

教学方案由三部分组成：总体教学方案、学期教学方案和单元教学方案。教学方案通过课堂教学设计实施，教学设计是总体教学方案、学期教学方案和单元教学方案的具体实践。

评价是教学规划的重要组成部分，指依据课程目标和对学生、教学资源等方面的需求分析，对教学实施方案、教学设计等所做的价值判断，教学实施方案也因此必须包含评价实施方案。

2.教学实施方案的构成

①教学目标。有总体教学目标和具体教学目标之分。总体教学目标相对概括，而具体教学目标，如单元教学目标，必须具体、明确，采用可观察的行为动词描述。目标同样有终极目标和阶段目标的分别。总体教学目标属于终极目标，而学期教学目标和单元教学目标属于阶段性教学目标。阶段性教学目标是终极教学目标的具体体现，也是实现终极教学目标的保证。阶段性教学目标的确立不仅要求教师能够对总体教学目标进行分解，同时也必须建立在应有的需求分析基础之上。

②教学内容。实施方案中教学内容的表达不能只是词汇、语法等知识的罗列，必须明确教学的重点、难点，同时根据教学计划将知识、技能、功能、策略等与话题相结合，分配到具体的章节之中。

③教学方法。指为实现教学目标所要采用的知识、技能、情感态度、文化策略等内容的处理方式，语言运用能力的培养方法，评价的实施方法，以及资源的利用方式等。教学方法应因教学内容、教学目标和学习者的不同而不同，满足不同学习内容的要求，满足学生的认知发展需求，体现教学方法的优化，以便实现有效教学目标。

④教学资源。在制订教学规划时，必须分析可用教学资源，以便最大限度

地利用教学资源为教学服务，同时根据教学需求开发新的教学资源。

⑤教学安排。是教学规划的重要组成部分，是教学规划的操作方案（学校每学期的教学日历就属于教学安排）。教学安排须明确学期中每个阶段（包括每个课时）的学习内容、采用的教学方法等。

⑥教学评价。教学规划必须明确形成性评价与总结性评价的评价内容、评价方式，包含课程的考核方式，期中、期末考试的内容与形式，形成性评价的具体操作方式。评价要明确具体评价方式（如单元测试、实践活动、作业、网上学习等）以及评价结果的反馈与使用，必须明确是采用即时反馈还是采用延迟反馈，是采用量化的反馈方式，还是采用质性的反馈方式。

3. 初中英语教学规划

（1）总体教学规划

任何学校都必须有整个初中阶段的英语教学规划。初中阶段的整体教学规划必须包括以下几方面的内容：

①目标的确定。初中阶段的总体目标应该根据《课程标准》制订，但是，有的地区教学资源匮乏，英语师资不足，很难实现《课程标准》所规定的教学目标。这就要求，各地区学校要仔细分析学校的教师资源和教学资源，分析学生生源，设定符合学校实际的教学目标。

②教材的选择。教材是实现教学目标的主要工具，教材的选择将影响教学的开展。初中英语教材版本很多，并不是所有的初中英语教材都能很好地实践《课程标准》的理念。各出版社提供的初中英语教材结构不同，话题有别，语法安排不一致，选材难度有差别，活动设计也不同。学校如果根据《课程标准》制订教学目标，就要选择能够实践《课程标准》的教学理念，内容选择与《课程标准》要求一致的教材。

③教学内容的选择。初中阶段的教学内容包含语音、词汇、语法、功能、学习策略和文化，其中听、说、读、写技能的培养是初中阶段的重点教学内容。由于小学阶段英语开设情况不同，不同地区初中生已有基础差别很大。因此，就教学内容而言，有的地区还应该包括小学阶段的部分内容，而不只是《课程标准》中所规定的初中阶段的内容。

教学内容的选择一是依据所选教材而定，同时还必须结合学生的基础。任何教学都有必要对所选教材内容进行适当的增减修订。

④教学方法的选择。初中阶段可以采用的教学方法很多，有教学法、任务教学法、情境教学法等。但是，不同的教学法所契合的学习内容、能力目标、

学习风格不同。因此，教学规划应该根据每一阶段学习内容的特点、学习目标的不同和学习者自身的差异选择适当的教学方法。

⑤教学安排。教学规划要求学校必须有初中阶段的整体教学规划，明确每一学年、每一学期的教学目标、教学内容、教学方法、评价方法等。但是，学校和教师一般没有这种总体规划的理念，只是完成规定的教材教学任务而已。有些教师，尤其是年轻教师，也只有教完整个初中三年之后才能了解初中英语的整体教学内容。学校要保证教学质量，提高教学效率，就必须有总体教学规划，有整体教学安排，在教师了解整体教学安排之后再开展具体的教学。

⑥教学评价的制订。评价具有导向、监控和效果评估的作用，评价方式将直接影响学生的学习方式和教师的教学方式。在规划初中阶段的总体教学时必须明确初中阶段的学习评价，如初中阶段的终结性评价，包括如何评价教学目标的实现，如何评价学生的学习能力，采用笔试的方式、口试的方式，还是任务型测试。

教学规划同样必须规定形成性评价的方式，明确在什么阶段采用什么样的方式评价学生的学习过程和阶段性发展。

（2）学期教学规划

与总体教学规划不同，学期教学规划相对具体，操作性更强。一般情况下，学校都是通过撰写教学日历的方式制订学期教学规划。但是，学期教学规划不等于教学日历，一般情况下应包含以下内容。

①目标的确定。通常情况下，学期教学目标可以根据教材确定，要求教师首先分析教材每单元的教学内容所包含的教学目标，然后综合提炼形成学期教学目标。学期教学目标一般包括知识、技能、情感态度、学习策略和文化意识等。就初中英语教学而言，主要体现为听、说、读、写等方面的能力培养，知识、情感态度、策略应用和文化等可渗透于听、说、读、写的技能之中。

②教材的处理。学期教学规划一般不涉及教材选择问题，主要是对教材的处理。即使选定了教材，教材中的内容、活动、方法等也未必适合具体的学习需求。教师规划时需要根据教学设计的要求选择适当的教学重点，合理分配教学内容，保证教学内容的相关性、适合性和趣味性：第一，教学内容必须与教学目标相关，能够促成教学目标的实现；第二，教学内容必须满足学生的需求；第三，教学内容必须能够激发学生的学习兴趣。

③方法的选择。在选择教学方法时，首先，要确定学期总体教学模式。其次，针对不同单元的教学内容选择适当的教学方式。与总体教学规划不同，学期的教学规划必须具体到不同的单元或者模块，必须明确教学内容的处理方式。

不过就学期的规划而言，最好有一个主体教学方法。

④教学过程安排。学期的教学过程安排应具体到每周、每一学时，一般是按照时间顺序安排一学期中每周、每一学时的教学内容和教学方式。因为不同版本的英语教材结构不同，有的每册（供一学期用）包含 10 ～ 12 个模块，每个模块 4 个单元；有的每册由 6 个单元构成，每个单元四课。

⑤评价的设计。学期的评价设计包括期中、期末考试和形成性评价方式的设计，根据学校的安排，还包括课程考核的方式。

（3）单元教学规划

不同的教材设计不同，有的采用单元结构模式，有的采用模块结构模式，单元教学规划就是根据教材的设计规划教学的一种方式，单元教学规划也因此应该包含以下几个部分：

①单元（模块）教学目标。单元教学目标一般应该包括知识、技能和综合素质等方面。但是，并不是所有的单元都涉及所有的内容，教师要根据具体单元内容确定。

②单元学习内容。一般包括词汇、语法、功能等。

③单元教学安排。在安排单元教学时，首先应根据教材内容将其分为几个部分。有的教材编写时已经将单元分为了 lesson 1 ～ 4，或者是 Unit 1 ～ 4，教师就可以按照 lesson 或 unit 的方式安排教学。教师在安排单元教学时除考虑单元的结构和学生的语言基础之外，还应该考虑练习册、课外阅读和项目的开展。教师要充分考虑这些内容在学生学习中的作用，合理安排教学。

④单元评价。单元教学规划必须包含单元学习评价的设计，包括过程性评价和目标达成评价。单元教学中的过程性评价主要指课堂教学评价，要求教师必须明确每一堂课的教学目标，同时明确课堂教学目标在单元教学目标中的位置。而目标达成评价指对单元总体学习目标达成程度的评价，在设计单元学习评价时首先必须明确单元的学习目标，根据学习目标设计相应的评价活动。

4. 教学设计

教学设计是以促使有效学习的发生为目的，运用现代学习理论和教学理论、教育传播学等原理和技术，分析教学中的问题和需要，设计解决教学问题的方法和策略，实施设计、评价，不断改进设计的一个系统过程，要求教师通过教学的实施评价自己的设计，找出问题，修正不足，然后改进自己的设计。

教学设计由分析、设计和评价三部分构成。分析主要指学习目标分析、资源分析和学习者分析。设计指教学目标设计、教学策略设计、教学技术设计、教学程序设计和教学活动设计。而评价既包括对整体设计的评价，也包括课堂教学过程之中的形成性评价和课堂结束时的课堂教学目标达成评价。

（1）课堂教学目标设计

课堂教学目标设计必须建立在对教材和学生的分析基础之上，要求教师分析教材所包含的知识与技能，确定知识与技能目标；分析教材是否包含与策略、文化意识和情感态度相关的内容，确立策略、文化和情感目标；分析学生的已有基础和学习能力，调整目标，保证目标的可操作性。

①课堂教学目标选择的原则：a. 课堂目标必须与教材内容相适应。课堂教学的目标必须适应学习内容的要求。b. 课堂必须有核心教学目标。不管是词汇、语法等知识教学，还是听、说、读、写的技能教学，不管是新授还是复习，课堂教学都必须有一个核心目标。c. 课堂中所有的目标应该指向课堂总目标。任何课堂教学都由若干教学活动构成，每种教学活动都应该指向最终教学目标。课堂教学可能涉及词汇、语法、文化、策略，以及听、说、读、写等技能，但是，就完整的课堂教学来说，所有的活动都应该指向最终的课堂目标，为最终目标服务。一堂课可以有阶段性目标，甚至是若干阶段性目标，但是，最终应该是帮助学生实现课堂总目标。

②课堂教学目标设计的方法：a. 文本分析。课堂教学目标的设计必须建立在对学习内容的分析之上。不同的语言材料所包含的内容与技能要求不同，其教学目标也就不同。听力材料与阅读材料不同，故事材料、广告材料、说明性材料对理解的要求也不同。当然，初一阶段的学习材料与初三阶段的学习材料在语言难度、技能要求上都存在很大差别。教师必须仔细分析所给的语言材料，根据语言材料的要求设计教学目标。b. 学习者分析。课堂教学目标的设计必须建立在对学习者的需求分析基础之上。对学习者的分析包括对学习者的学习风格、学习动机以及语言基础的分析。c. 认知层次分析。不管是词汇、语法还是听力、阅读，其学习目标都表现为知识理解、应用等不同的认知层次。在设计课堂教学目标时必须明确课堂教学内容应该达到的目标。在设计课堂目标时应该注意课堂的核心教学内容，分析其所在单元的话题、语法、功能，以及总体教学目标。

（2）课堂教学程序的设计

课堂教学由一系列活动构成，课堂教学设计也自然必须考虑到教学程序的设计。

①教学程序设计的原则。a. 认知发展参照原则。所谓认知发展参照，指课堂教学中活动的先后顺序必须符合认知发展的要求。根据认知发展的规律，学

生首先是感知语言，了解其应用范本，然后模仿应用。也就是说，当学生还没有接触某种语言现象，没有了解该语言现象在真实交际和应用中的表现形式之前，是很难应用的。那么，在设计课堂教学程序时就有必要先让学生了解应用中的语言，了解其结构和语用，然后才能设计应用活动。

从认知目标的层次角度出发，知识先于理解，理解先于应用。根据这一规律，课堂教学应该首先是听力文本或者是阅读文本的理解，然后是应用。在活动的设计方面，可以先设计信息识别活动，然后设计推理判断活动，最后设计应用活动。

在课堂教学中，有的教师先讲单词和语法，然后举例说明，帮助学生理解单词和语法，之后再设计训练活动。但是，这种演绎的教学方法仅教授学生语法知识，由于缺乏真实的语言应用，学生的应用能力发展较慢，也从而造成了相关学习者只了解语法结构，只会做语法练习，而不能正确应用的现象。

b. 需求定向原则。需求定向指教学过程的设计可以参照现实生活中的真实交际。笔者在学校做实验时曾尝试过这种教学程序，收效明显。首先让学生知道问姓名可以是"What's your name?"，而回答可以是"My name is..."，然后笔者给每个学生起一个英文名字，学生通过问答了解对方的英文名字，并没有进行"What's your name? My name is..."的朗读、替换等练习。学生在问答的过程中出现"What's your name?"不知道如何读，英文名字不知道如何说等问题，就会问笔者，在笔者的帮助下完成交际任务。45 分钟之后，学生不仅能够正确使用"What's your/his/her name? My/His/Her name is..."进行问答，同时还记住了所有学生的英文名字。

c. 支架原则。教学程序的设计要求活动前后相关，前面的活动为后面的活动做准备，也就是说，前面的活动应该能够为后面活动的开展提供支架。活动所提供的支架可以是图式方面的，可以是技能方面的，也可以是策略方面的，视活动的要求而定。以任务活动的设计为例，如果所学课文是有关健康饮食的介绍，而任务却要求学生做一个有关健康饮食的海报，这时就需要分析学生是否知道海报的基本格式，如果学生不知道，就要在活动的某个环节为学生提供海报的样板，要求学生分析所给海报，确定自己的海报应该如何设计。具体的步骤：学生阅读课文，了解什么样的饮食是健康的；布置任务，要求学生制作一个有关健康饮食的海报；为学生提供几个海报的样本，组织学生分析；每个小组选择一个海报样式，然后根据阅读获取的相关健康饮食的信息，完成海报制作；于班级内展示海报。如果是听力教学，在听力的不同环节，支架可以是图式知识，可以是词汇语法，也可以包括策略知识。

d. 渐进原则。从教育目标分类学的角度出发，知识和技能的学习体现为不同的层次。设计教学程序时必须关注每个环节学习活动的认知层次，由易到难，由简单到复杂，而不能难易倒置。

②教学程序设计的方法。a. 教学模式取向法。不同的教学模式对教学程序要求有别，情境教学法、PWP 教学法、任务教学法等教学程序设计各不相同。如果是情境教学，一般采用情境导入、情境操练和情境应用的教学程序；如果是 PWP 教学，则是听前 / 读前的准备，听力或阅读技能培养和听后的口头交际活动，阅读后的写作；如果是任务教学，则包括任务准备、任务呈现、任务执行、任务完成评价和聚焦训练的教学过程。课堂教学中教师应该根据教学任务的要求，选择适当的教学模式和教学程序。

b. 认知需求取向法。教学程序体现为活动的次序排列（如图 1-1 所示），由活动 1 到活动 n，帮助学生由目前的水平逐步发展达到课堂教学目标所要求的水平。其中活动 1 到活动 n 的排列必须适应学生的认知需求，由易到难，由简单到复杂，在必要的情况下设计图式激活或者补全活动。

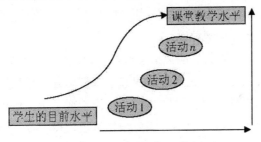

图 1-1　教学过程示意图

c. 教学内容取向法。所谓教学内容取向指教学程序的设计必须符合教学内容的要求。词汇教学、语法教学、阅读教学等对教学程序的要求有所不同。词汇和语法教学可以是呈现、训练和应用，听说教学可以是听前准备、听说训练和口头交际，而阅读教学则可以是阅读前的准备阅读和阅读后的应用。

d. 交际需求取向法。交际是语言的基本属性之一，因此是教学程序必须遵循的价值取向。从真实的交际出发，人们不是先学会某种表达再去应用，而更多的是在应用的过程中学习。也就是说，交际可以在机械训练之前，如呈现"What's your hobby? My hobby is..."之后，就可以让学生之间互相询问对方的爱好，而不是反复训练直到学生能够正确说出"What's your hobby? My hobby is..."之后再开展交际活动。前面介绍的"What's your name? My name is..."的教学案例正是教学需求取向法在实际教学中的应用。

（3）课堂教学活动的设计

①课程教学活动设计的原则。教学活动是课堂教学的核心内容，活动是否适应学习者的需求，是否能够帮助学习者实现教学目标，将直接影响教学效果。在设计教学活动时应该遵循以下原则：

a. 学生主体原则。任何教学都必须以学生为主体，初中阶段教学活动的设计同样必须贯彻学生为主体的思想。初中阶段学生的主体地位可以通过以下方式实现：采用同伴活动或者小组活动的方式，增加学习者的参与；提供多种感官刺激、多种形式的输入与输出，保证学生全方位地感知、理解、应用语言，同时保证各类学生都能够选择适合自己的学习方式；给学生选择活动形式的权利而不是一切由教师决定；活动要适应学生的认知需求，要根据学生的图式、语言基础设计活动；增加活动的开放性，以便所有的学生都能展示自我；关注学生学习风格和多元智能的差异，增加活动的变化性。

b. 体验原则。语言应用能力只有在语言应用中习得，没有实践活动，没有真实语境中语言的应用，学生难以习得语言。不管是知识的学习（如词汇、语法），还是技能的培养，都需要为学生提供实践的机会。这同时也符合经验型学习者，动觉和触觉学习者的学习风格。

c. 习得原则。指英语教学应该借鉴母语习得的机制，创设自然的学习环境，让学生在自由的交流中，在无意识的状态下掌握语言。长期以来，英语教学过于侧重语言形式的教学，采用显性的教学方式，造成了学生认识单词、了解语法，但是不会应用。虽然英语教学不可能完全如母语习得一样，但是同样可以借鉴母语习得的理念，以交际和应用为主。

d. 变化原则。所谓变化是指课堂教学活动不能过于单一，应该富于变化。活动的变化性主要表现为以下三个方面：组织形式多样化，既有个体活动，同伴活动，又有小组活动；感官刺激多样化，既有视觉活动，听觉活动，又有触觉活动，动觉活动等；产出多样化，既有语言产出，又有非语言产出。

e. 综合原则。所谓综合是指课堂教学虽然是以听、说或者阅读为主的，但同时也应该有其他形式的活动。比如，阅读前可以有听、说，为阅读理解做准备；阅读后可以有表演，有口头交际和笔头活动，而不是单纯的听力、阅读等活动。

②课堂教学活动设计的方法。a. 目标参照法。所谓目标参照是指教学活动的设计必须符合教学目标的要求。教学目标包含知识、理解和应用等多种层次，不同层次的目标对活动的要求不同。知识类的目标可以表现为信息识别、信息转述，而识别又包括图片识别、行为识别、图表识别，可以是判断正误，可以

是匹配，也可以是选择。同样是具体信息的获取，识别与转述对语言能力的要求也不同，所以在设计教学活动时必须关注每个学习阶段的教学目标是什么，根据教学目标的不同选择适当的活动内容和活动形式。

b. 内容参照法。所谓内容参照是指不同的学习内容对活动的要求不同，设计活动时不能一味地套用某种活动形式。比如，全身反应法学习活动可以用于祈使句教学，也可以用于布置任务、安排任务、介绍操作程序等有关"说"的活动，而对故事、海报等阅读内容的教学就不太适合。

c. 过程参照法。过程参照是指活动必须与其所处的教学过程相符合。呈现阶段的活动与训练阶段的活动不同，训练阶段的活动与应用阶段的活动也有所区别。

d. 动机激励参照法。所谓动机激励参照是指活动须能激发学生的学习兴趣，这就要求教师必须分析学生的需求。根据马斯洛的需求金字塔，每个人都有生理需求、安全需求、归属感需求、自尊需求和自我实现需求，其中生理、安全、归属感等是不可缺失的需求。教学活动要激发学生的兴趣，就应该能够满足学生的不同层次的需求：在提问之前保证通过小组讨论使每个学生都能回答问题，以免给回答不出来问题的学生造成恐慌，从而为学生营造一个安全的学习环境；鼓励学生合作学习，协作完成任务，培养学生的归属感；增加活动的开放性和选择性，给每个学生自主权，给每个学生展示自我的机会；增加活动的层次性与变化性，使每个学生都能体验自我实现。

e. 参与促进法。没有参与就没有学习，活动必须能够促进学生的参与。一般说来，开放性活动比控制性活动容易促进学生的参与，产出性活动比接受性活动容易促进学生的参与，合作性活动比个体性活动容易促进学生的参与，交际类活动比机械类活动容易促进学生的参与。

促进参与的方式很多，适当增加活动的挑战性同样可以促进学生的参与。请比较下面几种活动形式，随着挑战性的增加，活动也越来越能促进学生的参与。

变体 1：Work in groups and discuss what you know about sports。

变体 2：Work in groups and name ten sports。

变体 3：Work in groups and list ten sports in two minutes。

变体 4：Work in groups of four and list as many sports as you can within two minutes。

（4）课堂教学评价的设计

①评价是课堂教学过程一个十分重要的组成部分，由形成性评价和目标达

成评价两部分组成，其中形成性评价是指在课堂教学过程之中对学生的学习行为、活动参与度、阶段性学习效果的评价，为教师调整活动的开展提供支持，而目标达成评价一般是在课堂结束时进行，目的是检测课堂教学目标实现的程度。在设计课堂评价活动时应该遵循以下原则：

a. 标准参照原则。标准参照是指评价必须以学生是否实现学习目标（包括阶段性目标和终极目标）为标准，而不能以个体学生的表现在班级中的位置为标准。不同阶段的学习目标层次不同，有知识理解，有应用；课堂教学的终极目标同样有可能包含理解和应用等不同层次。因此，评价活动必须能够评定目标要求的知识、技能和语言应用能力。

b. 多元标准原则。由于学生的基础不同，学习风格和学习能力也不相同，很难要求所有的学生在同样的时间内实现同一个目标。因此，课堂教学中的评价最好是根据学生的具体需求采用多元评价标准。所谓多元是指可以允许不同的学生实现不同的目标，有的是应用，有的是理解，有的可能只是知识目标。而对于同一目标，其表现形式也可能不同，如理解，对有些学生可以要求其用语言表达理解，而对有些同学则可以用行为、图片等非语言形式表达理解。

c. 多元评价方式原则。评价的内容不同，评价方式也就不同。不管是形成性评价还是目标达成性评价，都应该根据评价内容选择评价方式，即使同一项内容，也应该注意形式的变化。

d. 多元主体原则。学生和教师都应该是评价的主体，除教师实施评价以外，还可以开展学生自评和互评。课堂教学中，教师要提供机会让学生参与评价，评价自己的学习行为，评价自己的知识与能力。

e. 真实性原则。指在评价学生的应用能力时要设计真实的语境，让学生参与交际、完成任务，通过体验性的活动评价学生的知识、策略与技能。

②评价的方式很多，可以开展的评价活动更是多种多样。在设计评价活动时可以采用的方法有：

a. 目标参照法。评价活动必须参照课堂教学目标设计，根据目标的要求选择适当的评价方式。如果目标是理解方位 there be 句型以及方位介词所表达的意思，那么就可以让学生听有关房间布置的描述，选择适当的图片，识别图片中的错误，或阅读有关房间布置的描述，选择图片，识别图片中的错误；但是，如果是表达，就需要学生描述房间的布置等。

b. 开放定向法。所谓开放是指课堂教学评价应该注意活动的开放性，以便每个层次的同学都能呈现自己的理解，展示自己的语言应用能力，也就是说，课堂评价应该保证每个层次的同学都能回答。这就要求评价活动具有开放性，而不是只有一种表现形式。比如，让学生"介绍自己的周末计划"，教师不规定语言，学生可以选择表达方式，根据水平的高低选择用简单的语言表达，也可以选择用复杂的语言表达。如果评价采用完成句子、填空等形式，就会限制学生的表现，导致有些学生无法完成任务。

c. 变化聚焦法。指评价活动应注意测试项目的表现形式，通过提示的变化呈现评价的焦点。

第二章　初中英语词汇与语法教学

第一节　词汇教学原则、模式与策略

一、英语词汇教学原则

没有一定的词汇量，就无法用我们所学的句法结构进行有效的交际。因此，词汇学习是第二语言习得的基础。但人们对词汇学习有错误认识，认为词汇是语言学习中最简单的事情，导致词汇教学一直被忽视。然而对大部分学生来说，最难的却是词汇的积累和扩充，所以词汇教学应该受到应有的重视。

根据词汇的特点和语言习得的规律，词汇教学的开展应遵循以下原则。

（一）顺序性原则

词汇教学应按照一定的顺序，大致可分为三步：

①新授展示。新授展示的目的是使学生认识单词的意思、结构和用法。教授单词的不同侧面应采用不同的方式。意思的展示可采用实物、模拟动作表演、手势、图片、定义、上下文、列表、翻译、回答、信息沟、语义图等。结构和用法的展示可采用举例、解释、上下文、回答、结构图等。

②记忆运用。记忆及运用词汇是学生掌握词汇的关键。只有通过有意义的参与，学生才有可能掌握所学词汇。教师应设计多种多样的活动使学生运用刚刚接触的词汇。活动应尽量设置语境，尽可能地使学生动起来，而不应只是被动地听或读。

③评价反馈。在训练之后教师有必要对学生的掌握情况进行检查，使学生看到学习的效果，总结得失，以便更好地开展下一步学习活动。

（二）选择性原则

词汇教学应该有所选择，主要遵循以下标准：

①词汇的选择应反映学生的需求和兴趣。为此，应根据话题选择词汇，选择学生关心的话题，词汇也自然是其关心的词汇。

②选择与学生的经历、生活相关的词汇，这样有利于刺激学生参与。

③选择能表现所学章节重要概念的词汇或反映内容主题的词汇。

④选择经常使用的词汇，即使用频率高的词汇。

（三）运用性原则

词汇教学不应该只是意思的展示或用法的讲解，更重要的是词汇的运用，只有通过运用，学生才有可能掌握词汇。运用过程中应注意以下几点：

①组织符合学生特点的活动，使学生于活动中运用词汇，从而掌握词汇；

②鼓励学生建立起自己的词汇联系；

③增加词汇的复现率；

④掌握词汇练习的节奏，保证练习的质量。

为了使学生清楚单词掌握的情况，在单词训练之后应注意加强单词的检查和评估。评估要及时；方式要得当，富于变化性；尽可能采用自评的方式；既要评估学习效果，又要评估学习策略的使用；全面、及时地为学生的词汇学习提供反馈。

二、英语词汇教学模式

为了培养和提高学生学习英语词汇的兴趣和积极性，避免词汇学习趋于枯燥单调，教师应采用多种多样的词汇教学模式。

（一）直观教学模式

直观教学是采用图片、实物、模型、幻灯片等一系列辅助教具，以及手势、动作、表情开展新词教学的手段。教师可根据实际情况创造条件，采用多种教学手段进行教学。特别是对于刚接触英语的学习者，直观教学可使学生一开始就把实物或某些动作与英语直接联系起来，获得一个直观印象。用实物、模型教授表示具体事物的名词和表示各种形状的形容词；用图片教授表示情感、色彩、动作的名词、动词、形容词，及表示方位关系的介词；用动作、手势、表情配合一定教具教授代词及动词。如教"book"就向学生出示书，并说："This is a book."。再拿另一本书说："too."。学生很容易明白。直观教学能够缩短教师讲解词汇的时间，使学生尽快进入操练阶段。

（二）关键词教学模式

关键词教学模式是一种专门用来教授外语词汇的教学模式。它建立在想象的基础上处理外语单词。这一模式包括两个步骤：第一步是学习者把一个外语单词（目的词）根据语言相似的规则同母语中他所熟悉的一个词（关键词）联系起来。第二步是让学习者在目的词和关键词之间建立一种想象链。例如，母语为汉语的英语学习者在学习英语单词"aspirin""sandwich""chocolate""hamburger"等音译词时，便可以用汉语中的"阿司匹林""三明治""巧克力"等词作为关键词进行联系、理解、记忆。事实上，在外语教学中，关键词可以是一个单词、一个短语，也可以是一个句子，只要能够帮助学习者记忆目的词就可以了。实践表明，关键词教学模式能够使学习者一周后都能回忆起并理解学习过的英语单词。

（三）辨析教学模式

在学习某个新词或词组时，若该词或词组与先前所学的词或词组意义相同、相近或相反时，教师往往可以采用同义、近义、反义比较辨析的方法进行教学。同义、近义、反义教学一般是以语义和句型为主线，进行系统归纳、分类比较，并加以辨析，以达到避免混淆和灵活运用的目的。这种教学法有利于克服孤立学习词汇的弊端，把词与句结合起来。如新授动词"watch"（观看），可以将"watch""look""see"与"look at""read"等词义相近的词或词组进行比较辨析，将这些词或词组编入一段话中。例如"Look! There is a picture on the black-board. This picture is about Mr. Smith's family. Now, look at the picture. Mr. Smith is reading a book. Mrs. Smith is watching TV. She is watching a football game on TV. Jenny doesn't like watching TV. She likes seeing a film."。

让学生通过阅读这段话，初步归纳这几个词的用法，然后教师小结补充，最后要求学生各自造出两三个句子。在词汇教学中，为了避免相似词之间的相互干扰，我们应遵循这样一条原则：不要给学生同时呈现两个或两个以上的相似的生词，也就是说，应该在学生习得某个词后，再教给他们与这个词在形或音、义上相似的词。

（四）解释教学模式

由于英语单词的意义与汉语解释的对应关系是相对的，对于初中的学生来说，用解释教学模式，既能使学生准确理解英语单词的真正含义，又能让学生增加语言信息量。例如，在讲授"parent"时，可以这样解释：Your mother and father are your parents。又如，Pork is meat from pigs；Your grandmothers and grandfathers are your grandparents。这种教学法也应遵循一种原则：用来解释新授词含义的词或词语应当是学生们熟悉的，并且尽可能使用常用词，选用的词语或句子要言简意赅，避免拖沓冗长。

（五）语境教学模式

语境就是上下文单词、短语、语句或篇章的前后关系。学习词汇的目的是掌握词义、词的搭配和用法，用词造句表达思想。英语词汇中一词多义的现象比较突出。所以，从学习词汇的角度看，学生也只有在特定的语境中才能确切理解一个单词的名义，掌握其用法。在各种词汇教学方法中，语境教学模式具有非常重要的作用。

（六）联想教学模式

例如，在"My hands are clean"中，"clean"是形容词（干净的）；而在"Please clean your home"中，"clean"则是动词（打扫）。正如语言学家吕叔湘先生所说："词语要嵌在上下文里头才有生命，才知道用法，才容易记住。"利用事物之间的种种联系，通过揭示事物之间的内在联系，引起学生的联想而理解新词的意义，进行词汇教学。

①事物的特征。例如"It's warm in spring. It's hot in summer. It's cool in autumn. It's cold in winte."。

②先后顺序。例如"Today is Monday. Tomorrow is Tuesday. The day after tomorrow is Wednesday."。

③因果条件关系。例如"If you study hard, you'll succeed. If you don't study hard, you'll fail."。

④类属关系。例如"Trees are plants. Vegetables are also plants."。

⑤同位关系。例如"Beijing is the capital of China. Washington is the capital of the USA."。

以上词汇教学模式，可以互为补充，交替使用。词汇教学不是孤立的教学环节，而是要与全课重点联系在一起的。教师对每课的新授词或词组要分清主次，恰当地把握讲解的深度、广度和力度，既要突出重点，又要解决难点，注重精讲多练，讲练结合，以练为主。

三、英语词汇教学策略

依据前文讨论的词汇教学原则及模式，根据教学的新授、运用和评价三个阶段，英语中常见的词汇教学策略有以下几种。

①单词网。该策略适用于各个年级。可用来展示单词的语意、搭配等。操作步骤如下：

a. 选择一个话题，如"tree"；

b. 组织学生说出与"tree"有关的所有词汇；

c. 组织学生将词汇分类，完成单词网。

②信息沟。信息沟是一种合作性展示方式，要求学生两两一组活动。操作步骤如下：

a. 准备两份表格或图片；

b. 两个学生通过互相提问，完成自己的表格或图片；

c. 学生汇报自己完成表格的情况，解释所了解的新单词的意思。

③词汇发现。词汇发现是指让学生通过阅读所给材料来解释新词，寻找单词的搭配和用法。操作步骤如下：

a. 提供学生词汇学习材料；

b. 发放任务题页，即通过阅读解释生词，或通过阅读发现词语的搭配或用法；

c. 学生自己阅读词汇，学习材料，完成任务；

d. 检查学生任务完成情况，归纳、总结、展示所学的单词和短语。

④词汇问题。词汇问题是通过回答的方式展示将要学习的新词。依据学生水平的不同，提问可以采用适当的辅助手段。如在初中一、二年级，可利用图片、实物辅助提问，在高年级可以通过假设情景来进行提问。这种方式可用来展示物体、人名，也可用来展示短语、习语等。

⑤多媒体展示。多媒体展示是一种图文并茂的展示方式。学生可以利用图像信息来理解语篇，有助于新学词汇的展示。操作步骤如下：

a. 播放图像和解说材料，使学生对将要学习的材料有一个感性认识；

b. 再次播放材料，在所要学习的词汇之处停顿，提问学生，要求其重复语言材料，猜测其含义；

c. 教师根据学生的回答提供帮助，展示文字材料，然后解释，这样，新学词汇的发音、拼写和语意就结合着图像形象地展示给了学生。

⑥单词线标。单词线标是用来展示同类单词语意差别的一种方式。具体操作方式如下：

a.运用头脑风暴的方式使学生提供所有与某一概念有关的词汇，将词汇写在黑板上；

b.组织学生将单词按要求排列在线条上可单独进行，也可两两活动）；

c.反馈。

⑦词汇旅行。该策略通过运用想象力，将所学词汇融入一个奇妙的故事。这种活动给学生充分的想象空间，对于培养学生的语言思维能力有很大帮助。操作步骤如下：

a.组织学生想象要在自己熟悉的一个城市组织一次旅游观光；

b.在城市中确定五个要参观的地点，按参观的顺序写下来；

c.将自己的旅游路线记在心里以便能在大脑中勾画出来；

d.选择五个英语单词，将其当作游客，与旅游中要参观的地点建立联系；

e.让学生根据所想象的意境编写一段故事，讲给同学听。

⑧单词冲刺。该策略适用于初学者和中等学生。持续时间10分钟左右。操作如下：

a.选择20个单词分别写在不同的卡片上。

b.将班内学生分成A、B两队，排在教室的一端，教师走到教室的另一端。

c.每队有一名队员跑到教师处看教师手中的卡片。

d.该队员然后跑回自己的队列，将单词画出。不能写，不能说，只能画。先认出所画单词的队得分。

e.各队如此进行，直到单词用完。得分多的队获胜。

⑨单词故事。该策略适用于各层次的学生。操作步骤如下：

a.将所学单词写在黑板上，让学生从中选择4～7个单词；

b.每个学生用自己所选择的单词组成一个故事；

c.学生组成两人的小组或四人的小组互相讲述自己的故事，解释自己选择其中几个单词的原因；

d.教师抽样检查学生的活动情况。

⑩连锁故事。该活动适用于中等以上的学生。操作步骤如下：

a.选择与班内学生同等数目的单词，如果班内的学生太多，可将学生分成几个小组，选择与各小组相等数目的单词，制作成卡片。

b.分给每个学生一张卡片。

c.教师拿起最后一张卡片，给故事开个头。

d. 各组同学依次将故事继续下去。最好给每个同学一个时间和内容的限制，如每个人讲话不要超过 45 秒，最好不要超过三句。

⑪ 对方的故事。该活动适用于中等层次以上的学生。由听者控制话题，对学生有激励作用。操作步骤如下：

a. 学生每个人列举五个话题让同伴选择一个；

b. 同伴将选择好的话题交给对方；

c. 学生根据对方选择的话题确定一个所需词汇表；

d. 学生各自根据词汇表准备要讲的故事；

e. 两个同学中由一个讲述自己所编的故事；

f. 听者讲述自己选择词汇的过程以及自己想象中的故事；

g. 同伴两人交换角色讲述故事。

⑫ 演示过去。该活动适合初级到中级学生。操作步骤如下：

a. 教师示范表演自己的一段经历；

b. 鼓励学生根据所学单词准备自己的一段经历供课上表演；

c. 邀请一位同学到前面表演；

d. 该同学再次表演，每个动作之后停顿一下，问其他同学自己在做什么；

e. 将表演时所用到的词汇写在黑板上；

f. 将学生两两一组组织在一起，同学 A 向同学 B 演示自己的故事；

g. 要求 B 将 A 的故事加工润色，然后复述。

⑬ 交叉联想。该活动适合初级以上学生。操作步骤如下：

a. 让学生从所学词语中选择几个自己感兴趣的词；

b. 组织学生回忆所学过的职业名词；

c. 鼓励学生发挥想象将自己所选单词与职业进行联系；

d. 将学生组成两人一组的小组解释自己的联想。

⑭ 装饰房间。该活动适合于中等层次以下的学生。操作步骤如下：

a. 从所学的单词中选择几个；

b. 组织学生将这些单词置于自己家不同房间的名称下；

c. 将学生分成四人一组的小组；

d. 各组同学介绍自己安排和设计房间的情况；

e. 教师抽样检查学生的联想情况。

⑮ 关联记忆。该策略是通过给新学单词找关键词建立一种意象联系以帮助记忆，是记忆单词的一种有效方式。操作步骤如下：

a. 确定欲记忆的词汇。

b. 给所记忆的词汇下定义。

c. 寻找关键词。

d. 想象所定义的词汇用关键词做某事。

e. 回想所定义的词汇用关键词做某事。

f. 记住定义。如，要记住"barrister"指"律师"首先，要为这个生词找一个学生都特别熟悉的关键词。这个关键词必须读音与"barrister"相似，并且很容易在大脑中勾画出一个意象。"bear"是一个比较合适的关键词。找到关键词后，想象一只熊正在法庭上为自己的当事人做无罪辩护。将这一意象画成投影图片，展示给学生。

⑯ 文本校对。该活动适合中级以上的学生。具体操作步骤如下：

a. 选择一篇包含所学主要词汇的文章，将所学词汇替换，使其意思不当；

b. 将修改的文章发给学生阅读，令学生找到不当之处，并用适当的词改正；

c. 学生两两一组对比自己改正后的文章；

d. 抽样检查；

e. 发放原始文章，让学生对比，看是否自己在改正时用上了刚学的单词。

⑰ 填图。该活动可用来检查学生对名词、动词、形容词的掌握情况。

a. 根据所学单词的特点设计图画；

b. 学生将所学单词填入图画中的相应位置；

c. 检查测评。

⑱ 纵横字谜。这是一种有效地检测词汇的方式，适用于各种水平的学生。操作步骤如下：

a. 根据所学单词设计一个纵横字谜，制作两个字谜卡片；

b. 学生分成两人一组，然后将卡片分给各组中的两人；

c.A、B 两个学生根据自己的卡片互相提问完成字谜；

d. 抽样检查。

⑲ 自评。该活动适合中级以上的学生，是一种自我评估的策略。操作步骤如下：

a. 展示词汇学习自评表；

b. 学生单独活动，根据自己对单词的掌握情况填表；

c. 学生组成两人的小组，相互帮助解决遗留问题；

d. 完成任务的小组参加到其他小组中去，继续完成类似的任务；

e. 教师检查学生的活动情况，解决仍然存在的问题。

⑳ 学生测验。该活动适用于中级以上的学生，是一种学生自我检测的方式。

操作步骤如下：

a. 将学生分成四人小组。

b. 各小组根据所学单词设计一定数量的问题：首先学生单独设计，每人三个问题，然后各小组将本组的问题综合起来，讨论确定本组所出的小测验试题。

c. 各小组的测试卷以一定方式设计，将答案写在背面。

d. 各小组由同学 A 向 B 提问，B 回答，C 和 D 帮助判断是否正确。正确时给自己的小组记一分。然后由 B 问 C 问题，另外两个同学 A 和 D 帮助评判，依次类推，直到将所有问题解完。

e. 各组答题的情况进行比较，评出优胜小组。同时解决学生在答题过程中的遗留问题。

第二节　语法教学原则、模式与策略

一、英语语法教学原则

英语新课程强调对学生交际能力的培养。交际能力由四部分组成，即语言能力（linguistic competence）、社会语言能力（sociolinguistic competence）、语篇能力（discourse competence）和策略能力（strategic competence）。交际能力的培养离不开语言能力的发展，语言能力是交际能力的基础部分，而构成语言能力的语法也自然不可忽视。语法的特殊性赋予其应有的重要性和课堂教学的特殊性。综合影响语法教学的各种因素可以看出，要成功地开展语法教学须遵循以下原则。

（一）激发动机原则

动机是一切教学活动的保证，语法教学也不例外。许多学生对语法都缺乏兴趣，因此，动机的激发在语法教学中显得尤其重要。动机的激发应注意以下两个方面。

1. 选择适合的话题

①话题是不是与学生的生活经历有联系；

②通过参与相关活动学生能否了解更多自己想知道的内容；

③话题是否能够激发学生的想象力或好奇心；

④学生是不是对话题已有所了解，并且想和其他同学交换意见。

2. 创设情境

视觉物体很多，如图画、幻灯片等，可增加语法练习的开放性。语法练习若以控制性机械练习居多，则难以激发学生的参与热情。自由、自主乃人的基本需求之一，如果允许学生按照自己的意思开展活动，学生的兴趣自然可以激发。语法练习多注重语言相似，这是语法练习不能激发学生兴趣的原因。练习不仅应以意思的传达为重点，还应能创造一种信息沟，激发学生的好奇心，从而参与活动，获取信息。练习活动应使学生适度紧张。一般来说，人们喜欢稍带挑战性的活动，这就要求活动不可太容易，应能给学生制造一定的紧迫感。试对比以下几种指令：

① Please make sentences with present progressive tense according to the picture.

② Make up 20 sentences about the picture using the present progressive.

③ Make up 20 sentences using the present progressive within two minutes.

④ Which group can make the most sentences about the picture using the present-progressive ?

可以看出第三句比前两句更具有挑战性，最后一句通过竞争也增强了活动本身的挑战性。完成这种具有挑战性的任务会给学生带来成功的喜悦。

（二）交际运用原则

交际运用原则是指教师要有意识地把学习语法的目的引导到实用和交际方面。语言是人类最重要的交际工具，英语教学的目的就是培养学生使用这种交际工具的能力。而学习语法的目的，就是为培养学生语言实践能力架起一座桥梁。贯彻这一原则，应注意下面几点：

①充分利用教学情境，开展交际活动。教师应把教学过程同时当作交际过程，教师讲课所用语法应涉及对学生有意义的，生活、学习中经常遇到的事物；教师组织教学、讲解、布置作业应尽量使用英语课堂用语，并运用讲过的语法知识。

②调整语法练习结构，增加围绕内容进行的语法练习。这些练习包括：复述、造句、写作、翻译等。

③开展课外阅读，增加语法接触。阅读也是一种交际形式。大量的课外阅读有助于学生在阅读材料过程中复习巩固学过的语法知识，加深对这些语法知识的理解，从而掌握更多适合该语法项目的情境。

（三）循序渐进原则

循序渐进的原则要求语法教学按照语法的逻辑关系、学生的认知发展顺序进行，使学生的语法知识和技能形成完整的体系。那么，贯彻循序渐进的教学原则要注意哪些问题呢？

①要注意所呈现的语法知识的条理性。一个语法项目有很多内容，很多例外，很多规定。教师讲语法要注意条理性、层次性，要由表及里，由一般到个别，由单项到复杂，合理安排语法的教学顺序。

②要了解学生的心理发展水平。低年级的学生和高年级的学生不同，因而针对他们的语法知识，教学方法也应有所不同。教师应该针对不同年级的学生使用不同的教法。

③要注意在初级阶段给学生打下扎实的基础。

（四）方法多样原则

方法多样原则是指语法教学应采取多种方法。方法多样原则使语法教学摆脱讲解规则、举例说明、练习印证的刻板教学模式，增加了教学的趣味性。方法多样主要表现在两个方面：一是多项语法对应多种方法，各项语法的变化或结构特点不同，意义、用法和功能也不同，所以应采用不同方法。二是一项语法对应多种方法，讲解一项语法，应通过语法的特征进行意义上的分析和推理判断的训练，所以单项语法教学应该采用多种方法。

贯彻方法多样原则应注意的问题：把语法本身的规则、条例，通过模拟的情景、实践学习或生活体现或表达出来，这样就不会使语法教学枯燥、单调，应注意把语法同其他英语问题结合起来。

（五）精讲多练原则

精讲多练原则就是教师要讲得少，讲得精，同时指导学生反复练习。语法教学要发挥教师在教学过程中的主导作用，教师要准确地把语法知识传授给学生，这就要求教师要抓住关键的语法问题进行讲解。教师要讲清难点和疑点，同时要指导学生加强各种训练，使学生在消化理解的基础上达到举一反三、化知识为技能的目的。练习要精心设计，要采用与目的、内容和学生实际水平相适应的方式，要讲求实效。

精讲多练的方式有两种：一是集中讲和集中练；二是讲中有练，练中有讲。采用什么形式，要依据教学目的、教学内容和教学计划而定。

二、英语语法教学模式

语法教学模式是为实现语法教学目标，完成语法教学任务而采取的教学活动方式。语法教学的基本模式有归纳模式、演绎模式，以及归纳与演绎的综合模式。

（一）归纳模式

归纳模式是一种由具体到抽象、由个别到一般、由感性到理性的模式。归纳模式可以用来阐述所学专题的内容，帮助学生形成语法概念，指导学生运用语法规则进行语言实践。

现结合现在进行时举例说明，运用归纳模式，一般采用如下几个步骤：

①先提出具有典型性的例词或例句，让学生观察，认识并熟悉语言材料，借助同一般现在时的对比，引出例句。

②对例词或例句进行分析对比，找出它们的共同特征，然后尝试性地套用规则，对学生进行操练。教师可引导学生对现在进行时的构成进行归纳：助动词 be+ 现在分词，而 "be" 在人称和数上要同主语一致。

③在具有一定感性知识的基础上，通过教师的启发指导，学生自己归纳总结出语法规则，最后由教师加以补充或纠正。

④灵活运用所学规则进行一定的交际性实践。

（二）演绎模式

演绎模式是一种由抽象到具体、由一般到个别的模式。现结合形容词的比较级和最高级，举例说明演绎模式的一般步骤。

①教师讲解语法概念、结构，使学生对语法结构先有一个较清楚的了解。教师先给学生讲清单音节和双音节形容词的比较级和最高级，一般是在原级后分别加 -er 和 -est。

②通过例句进行论证、说明。

③在学生初步掌握语法规则的基础上做机械性练习，教师提供给学生一些简单的练习，如把下面的形容词分别变成比较级和最高级：young、small、large 等。

④提供情景进行练习。找出 A、B、C 三本厚度不一的书，让学生用 "thick" 和 "thin" 的比较级和最高级说出它们之间的区别： "A is thicker than B. B is thicker than C. A is the thickest of the three. C is the thinnest of the three."

（三）归纳与演绎的结合模式

归纳模式与演绎模式是语法教学中的两种基本模式，但是在语法教学中不能只取其一，而应结合使用，把两者综合起来。归纳模式从具体到抽象，符合学生的认识规律，能充分调动学生的主观能动性，有利于培养学生的分析观察能力，但如果运用不当，会浪费时间，也较难促进抽象思维的发展。演绎模式对高年级学生比较适用。高年级学生的思维由经验型水平向理论型水平转化，具有更高的抽象概括性及辩证逻辑思维、更大的组织性。同时，演绎模式适用于那些比较难归纳、变化规则多的语法项目。演绎模式的优点是简便易行，节省时间，但如果处理不好，会造成"注入式"，使课堂气氛沉闷，不利于发挥学生的积极性。归纳模式与演绎模式各有利弊，教师应扬其所长，避其所短，结合语法教学的实际情况，适当融合。这样才能顺利地实现教学目标，完成教学任务。

三、英语语法教学策略

要保证语法教学的有效开展，就必须遵循语法教学的原则及模式。语法教学策略就是这种原则及模式的体现和实施。

（一）情境模式

①情境展示。情境展示是一种展示手段，可以用图片展示，也可以通过音像展示。教学步骤如下：

a. 根据要展示的语法项目选择适当的图片或录像；

b. 就图片或录像提问，以展示新的语言项目，也可设计表格组织学生填写；

c. 根据图片所示讲解所展示项目的用法；

d. 学生模拟情境练习。

②情境想象。情境想象是使学生想象在某一特定的活动中完成一定的活动任务。如可以使学生通过旅游模拟练习掌握特定的语法项目，比如"疑问词＋不定式"的用法。下列步骤可供参考：

a. 将学生分成偶数人的小组。

b. 将这些小组分成两部分，一部分为游客，一部分为土著居民。

c. 游客将去一个小岛旅游，但对该岛十分陌生，因此他们列举出很多自己想知道的问题。举例如下：

We would need to find out ...；how to get to the capital...；where to stay。

d. 土著居民小组的同学要想象游客们可能遇到的问题，提前准备好如何为游客提供帮助。

e. 游客组和土著居民组合并进行旅游咨询。

③虚拟情境。人人都喜欢"设想自己的未来"。在语法课堂教学中，教师可以利用人们的这一心理设计"虚拟未来"的活动，训练虚拟语气的用法。该活动可采用小组活动的方式，也可采用全班活动的方式。以小组活动为例介绍如下。

a. 将学生分组，每组四到六人。

b. 拟订话题。例如，If I were you, ...；If I were a manager, ...。

c. 学生于小组内交换自己对这种虚拟未来的假设，并将各个同学的畅想归纳总结。

d. 各小组面向全班介绍自己小组同学的"虚拟情境"。

④情境解释。这是一种半控制练习，控制的是学生语言的使用，要求学生在解释时必须使用某个句型，不控制的是学生的想象力，学生可以充分发挥自己的想象力，做各种各样的解释。比如用"something prevent somebody from doing something"的句型解释一种现象。具体操作如下：

a. 教师提前设计好可有多种解释的情境；

b. 交代活动任务，要求学生必须使用这一句型进行解释；

c. 教师提示各种情况；

d. 学生根据自己的想象给予恰当的解释，举例如下：

T：Tom was absent from school yesterday.

S1：Illness prevented him from coming to school yesterday.

S2：Laziness prevented him from coming to school yesterday.

S3：His uncle's visit prevented him from coming to school yesterday.

（二）游戏活动

①交际活动。交际活动可用来练习"be going to"的用法或用来练习所学习的物质名词。具体操作步骤如下：

a. 将学生分组，每组四到六人，交代主题：This weekend, we are going out for a...。

b. 交代活动的内容要求。例如"Now please decide what to take. Make a list of the things your group are going to take and report when you have finished your talking five minutes later."。

c. 学生分组讨论。

d. 各小组汇报讨论情况。

②失物招领。失物招领这一游戏活动适用于名词性物主代词和形容词性物主代词的教学。具体操作步骤如下：

a. 将学生手中的物品收起来放到讲台上。

b. 邀请同学到前面来负责把物品发下去。为保证该活动的顺利开展，教师应交代活动的规则，最好先示范一下。如下例：

T：Now, look. What's this?

Jack：A pencil.

T：Yes, this is a pencil. But whose is it? Tom, is it yours?

Tom：No, it is not mine. I think it is Jim's.

T：Is it yours, Jim?

Jim：Yes, it is mine.

T：Here you are.

Jim：Thank you, Ms. Chen.

c. 学生轮流到前面来拿东西，寻找失主，每次每个同学只能拿一件东西，以保证能有多个同学得到提问的机会。活动中要鼓励学生进行配合，对学生的问答给予应有的认可。

③猜测模仿。该活动通过对动作的描述训练现在进行时，可采用下列操作步骤：

a. 根据课堂所学习的动词设计动作卡片。

b. 叫一名同学到讲台前表演出提示的动作。

c. 其他同学用完整的句子对该动作进行描述。如下例："You are opening a tin；You are eating a banana."。或采用猜测的方式："Are you drinking beer？Are you watching a coedy on TV？"。应尽可能减少表演的时间，增加学生猜测的时间。该活动也可以小组活动的方式进行。类似的猜测活动还有很多，比如根据声音猜测动作，根据侧影轮廓猜测动作等。在具体教学中，教师可以根据自己学生的情况，根据具体的语法内容设计自己的猜谜游戏。

④爱好选择。"爱好选择"是一种个性化练习，要求学生根据自己的真实情况做出喜恶选择。例如"Which do you prefer, eating at home or dining out? Travelling by bus or by plane? Writing letters or telephoning? Living in the center of the city or living in the suburb?"。该活动还可用于比较级和最高级的教学之中，组织学生将自己手中的真实物品进行比较，将自己的工作、爱好等各方面进行

比较。该活动可采用全班活动的方式，也可采用两人或小组活动。

（三）图片故事

图片故事可用于时态的教学之中，尤其是一般过去时的教学。图片的利用方式很多，可以将图片排序，可以根据图片提示讲故事。讲述图片故事时可以用一系列图片，也可以用单幅图片。对于一系列图片的使用可采取下列步骤：

①组织学生根据图片写一两句话，介绍图片中发生的事情。

②将各幅图片按时间顺序排列。

③根据排列好的图片调整语言，使其成为一个连贯的故事。

具体操作时可组织小组活动，各小组的人数与图片数目相等，小组内每个同学根据自己手中的图片写出一两句介绍故事的内容，然后各组同学将自己的图片以及对图片的描述连起来组成一个完整的故事。

第三章 初中英语听力与口语教学

第一节 听力教学原则、模式与策略

一、英语听力教学原则

听是人类的一项基本技能，在我们日常生活、工作和学习中起着非常重要的作用。通过听我们可以了解信息、获取知识、愉悦身心、陶冶情操。更为重要的是，我们依赖听来进行日常的交流。与听其他的声音信息一样，听外语也能使我们获取信息和知识，愉悦身心和陶冶情操。按照英语新课程的听力目标和要求，英语听力教学的任务是培养单句理解能力，快速听准简单句的含义；培养语段理解能力，听懂小对话；培养语篇理解能力。为了完成这些任务，我们在英语听力教学中要遵循以下原则。

（一）环境熏陶原则

在课堂教学中，教师应尽量使用英语进行教学，并由浅入深地反复训练，在有限的时间内尽可能地让学生多听英语，多感受语言信息的刺激。运用英语授课还有利于学生集中注意力，锻炼其感知能力，培养想象力和思维能力。所有这一切能力的提高，必然对包括听力在内的整个学习活动产生积极的影响。

在学习新教材前，教师应坚持让学生合上书本，听教师介绍课文背景知识及故事情节，然后听课文录音，并根据所听内容简要回答问题，最后再打开书本。这样能让学生养成仔细听的习惯。在听力训练中，教师应尽量多提供表示所学内容的直观图像或教具，使听力教学情景化、交际化，培养学生用英语直接进行思维的能力，以排除母语的干扰。

（二）重视技巧原则

在听力教学中，教师要注意对学生进行听力技巧训练，这是提高听力理解水平的有效措施。所谓"听力技巧"，它包括语言技巧和理解技巧。语言技巧包括连读、弱读、爆破音、句子重音、意群划分等。而理解技巧是指对所听内容的检索、预测、取舍等技巧。要教会学生听音时要联系上下文，全面理解和把握讲话人的思路，捕捉其中的关键词语，正确分配自己的注意力，培养自己的短时记忆力，善于区别主要信息与次要信息，充分发挥自己的想象力，使自己的分析、归纳、综合能力不断提高。

1. 听力教学前

①预猜。在听录音材料前，教师有必要先将标题写在黑板上，好让学生根据标题分组讨论，并猜测该材料所述的大概内容及事情发展的过程和结果，使学生在心理上处于一种听录音前的准备状态。如果学生通过对标题的预猜能猜出说话者要说的话，他们就能更好地理解材料，这种预猜是一种学生根据自己学过的语言知识和思维逻辑对所听材料进行推测的能力。因此，培养这种能力是听前必不可少的一步。任何听力过程都先由预听部分设置语境，让学生先接触一下要学的语言知识以及与所听内容有关的知识，引起他们怀有某种期待。预听还会唤起学生的好奇心，让他们的学习变被动为主动。

②完成听力之前要做的作业。让我们来看一下其中的一部分作业：看一下课文插图并猜测课文的内容；将插图按逻辑序列排列；阅读课文的提纲并说出该文讲的是什么；按课文的情节发展来排列提纲要点；听了课文的开头来猜测下文；听了对人物的简单描述，猜测课文的内容或交际者的交际目的；听了事情发生的地点、时间、人物名字后，猜测课文的内容；听了情景描述后确定交际者的地位，确定其交际目的；听了课文开头，根据背景音确定谁在说话。这样，教师让学生浏览听力题干，明确听的任务，使学生"负重"，带着问题去听，提高听的准确性。

2. 听力教学过程中

要让学生精听、多听、泛听。要精泛结合，要泛听大于精听。精听是培养听的基本功，要做到精、细、准；多听可以进行复式听写；泛听要求面广量大。要给学生留听力作业并进行检查和定期测试，还要提倡、督促学生大量阅读、广泛阅读。

①精听。在初听时，不少学生不能及时地领悟学过的词汇，很有可能会因为较难的材料或较快的语速对听力材料似懂非懂，无法在初听时完成对文章内容较全面的掌握。因此，让学生复听（精听）文章的细节，重点把握文章所

提供的主要线索和事实，并根据文章的体裁、意思回答 who/whom/what/which/how/where 等问题，力求在泛听的基础上深化对材料的理解。

②泛听。学生带着任务听完文章后，开始从记忆中捕捉文章的主要信息，继而养成好的习惯——在听一篇材料时，不平均分配注意力，听关键词，抓主要线索。否则什么都想抓，什么都抓不住。学生可边听边记，记录材料中的人名、地名、时间等信息以便应付在细节上设点的问题。总之，这一过程主要要求学生抓住文章的主线及关键词。

③检查理解。检查理解有多种方式，如让学生编写文章的纲要，对主要事实做出回答，做多项选择题，直接对话，相互提问回答，复述，听写等。也可让学生分组讨论答案。通过讨论，他们互相补充，达成共识。如遇争论不一的问题，教师可让学生再听有关材料的相关内容，直到听懂为止。

（三）兴趣引导原则

兴趣是学习的动力。对听力感兴趣的同学，课堂上积极主动，情绪愉快，听力效果必然好。教师在课堂上要创造一种轻松和谐的气氛，努力消除学生因害怕、沮丧、反感而产生的心理障碍，并不失时机地向学生介绍与听力材料有关的背景知识，英美国家的历史、地理、文化风俗、趣闻等。这不但可诱发学生的听力兴趣，还可帮助学生正确理解所学内容。另外，教师还要采取灵活多变的听力形式，并把竞争机制引入听力教学，以激发学生的听力兴趣，调动他们的听力积极性。

听前可进行热身训练，先放一首活泼欢快的英文歌曲或音乐，然后再放录音。注意学生表情的变化，适当调整放音速度和重复率。这样，创造了良好的心理氛围，保证了学生情绪上的稳定和谐，在一定程度上起到了抵消语言障碍的作用。

要突出学生的主体地位，发挥教师的主导作用。教师就像乐队的指挥，学生就像演奏员，在指挥棒的统一指挥下各尽其职，奏出一曲优美动听的乐章。所以听力课又是一门师生在语言舞台上协调合作的艺术。因此，听力课不能只是简单机械地放、听录音的过程，而应调动学生的兴趣和积极参与意识，使他们不感到单调乏味。活跃的气氛、高昂的情绪使来自录音的信息顺利地进入学生的大脑。

要针对学生的具体情况加以适当的个别辅导。如在复述课文时，可允许学生发挥自己的优势，用所掌握的语言知识来阐述自己的看法和观点。又如在选择正确答案时，也可采用抢答方式。而对一些在听力上仍进步不大的学生，应为他们选择合适的材料，课后加强训练，指出他们的不足，让他们能迅速赶上。这样使整个听力教学收到预期效果。

二、英语听力教学模式

（一）泛听模式

泛听模式是为了把握所听材料的整体意思，其成功的关键在于教师的课堂指导和练习题的设计。有关泛听模式练习题的设计应遵循以下原则：①能够引导学生做好听前的预测活动；②帮助学生在听的过程中将注意力集中在关键词、关键句上；③指导学生根据所提供的线索克服听的过程中出现的障碍，进行有效的猜测、联想和判断。

例如，对于以下听力材料：

It was a beautiful spring morning. There wasn't a cloud in the sky, and the sun was warm but not too hot, so Mr. Andrews was surprised when he saw an old gentleman at the bus stop with a big, strong black umbrella in his hand.

Mr. Andrews said to him: "Are we going to have rain today, do you think? "

"No, "said the old gentleman, "I don't think so. "

"Then are you carrying the umbrella to keep the sun off you? "

"No, the sun is not very hot in spring. "

Mr. Andrews looked at the big umbrella again, and the gentleman said: "I am an old man, and my legs are not very strong, so I really need a walking-stick. But when I carry a walking-stick, people say: 'Look at that poor old man!'and I don't like that. When I carry an umbrella in fine weather, people only say: 'Look at that stupid man. '"

对于这段材料，根据泛听模式的要求，可以设计三个问题，让学生在听前思考：

① Where did Mr. Andrews and the old man have the talk ?

② Why did Mr. Andrews ask the question about the umbrella ?

③ Why did the old man take the umbrella with him ?

这三个问题的编排，不仅为学生提出了听的具体任务，而且也提供了听的过程中可以追寻的线索：bus stop（题①的答案），umbrella（题②中的关键词），other people's words（题③的答案）。这三个问题的答案正是故事的主要内容。

一般水平的学生如果做好了上述准备，在听的过程中就能比较容易地找到题①和题②的答案。水平较高的学生也可能会找到题③的答案。为了使全体学生都能领悟故事的幽默之处，通常情况下，还要针对问题③进行有选择地听。

（二）精听模式

精听模式一般是在进行了泛听模式之后，对所听材料从语言、语法、词汇和语音方面做进一步学习的听力活动。教师要根据精听的不同任务，设计不同的练习题。精听的目的一般包括：一是引导学生发现和分析影响听力活动效率的原因，二是帮助学生充分利用所听材料进行语言、语音知识的学习与积累。这两个方面正是保证听力理解能力提高的重要环节。

精听练习题的设计原则：①将学生的注意力集中到影响听力理解的语言点上；②指导学生在理解的基础上学习新的单词、词组和句型等语言知识；③对词汇在实际运用中的连读等语音变化进行学习。

例如，对于以下听力材料：

If you find something wrong with the article you have just bought, you can go back to the shop where you bought the goods and make complaints, taking with you any receipt you may have. Complaints should be made to a responsible person. In a small shop, the assistant may also be the owner, so you can complain direct. In a chain store, ask to see the manager. If you telephone, ask the name of the person who talks with you. Otherwise you may never find out who deals with the complaint later.

If your complaint is just one, the shopkeeper may agree to replace or repair the faulty article. In certain cases, you may have the right to refuse the goods and ask for your money back, but that is only when you have hardly used the article and have acted at once.

让学生仔细听文章，根据读音写下不熟悉的单词，以锻炼对文章细节的把握能力，如将 article 写成 artkle，complain 写成 komplain，chain 写成 chan 也无妨。这种锻炼的目的就是看学生能否根据语音把握大致的词形。

出于这种目的，我们也可设计另外一种形式的练习。列举文章中出现的一些难的、发音比较快的或连读、弱读的词或者词组，让学生仔细听，并猜测它们的具体意思。如 article，complain，responsible，direct，chain，faulty 等。

英语听力的每一篇材料中都会出现连读、弱读、失去爆破这些语音现象。这恰恰是学生在听力中不易把握的地方，不少题目就在这上面做文章。所以教师应有意识地加强学生在这方面的训练。

（三）选择性听力模式

选择性听力模式的目的是培养学生能听出一些具体信息的能力，尤其是从语言程度略高于他们实际水平的材料中进行信息选择的能力。这类练习题的设计原则如下：①引导学生不仅从内容而且从结构上对所听材料进行预测；②明确规定学生听的任务和目的，以及在听的活动中扮演的角色；③为学生提供克服障碍和捕捉信息的线索。试以下面的短文为例说明具体操作：

The first of April is commonly known as April Fools Day. It's a custom on this day to play a trick on a friend. You do this by causing your friend to believe something that isn't true. If your friend falls into the trap，then he or she is an April fool.

This strange custom has been observed by both children and adult for centuries. Its origin is uncertain and may once have been cruel. But today the tricks and practical jokes are harmless and played mostly for fun.

Usually April Fool jokes are played on friends and colleagues. Sometimes they are also played on a wider scale. One serious national newspaper reported on a new machine. It could transport passengers from London to Australia in ten minutes. Another published a four-page survey of a nonexistent island in the Pacific. And even on BBC television news there was an item. It showed a kind of Italian noodle being harvested from trees.

要想成功地运用好这个模式，需要为学生设计有利于他们进行预测和有助于他们将注意力集中到关键词上的问题，供他们听前思考：

① What is the topic?

② Do they do this by causing their friend to believe something that isn't true?

③ Who are jokes played on?

④ Who else are jokes played on?

⑤ Are they played on something else?

（四）四段法听力模式

四段法听力模式即采用"预听""倾听""听后""复听"四个阶段进行听力教学。"预听"具体指教师根据所听内容，利用问题，巧妙导入，从而引发学生听的动机。其中也包括背景知识的简单介绍，关键词解释和听力技能的指导。"倾听"指集中精力，全神贯注地去听，包括"精听"等环节，是接收和理解的过程。"听后练习"是核实所听目标、要求达到与否，同时指导学生掌握弱读、连读、变音等要领及推测、判断等技能。"复听"是在前三个阶段的基础上，将全部内容复听一遍，以巩固前面所学方方面面的知识，是一个巩固阶段。四个阶段之间的关系是互相交融、互相渗透的，"预听""倾听"是核心，"听后练习""复听"是关键和重点，贯穿于整个听力教学过程的始终，使主导与主体、教法与学法、知识与能力得到和谐的统一。

下面以 SEFC Book 1A Unit 13 Lesson 49 *A Day in The Life of A Slave* 为例，具体分析四段法听力教学模式的实施步骤。

1. 预听引发动机

①导入。可用图片导入，针对材料的特点，以讨论 4 幅图片为切入口。也可采取从历史背景或单元主题说起而导入新课，用一般疑问句提出一些问题，学生只需用 yes/no 来回答，如下例所示：

Could the slaves go to bed early and get up late? Could they go to school like you? Could they go home to see their parents if they liked, when they were sold?

②目标任务。在听前给出具体目标要求及检测题，以便学生心中有数，有所侧重（部分题如下）：让学生认真听，了解文章的一些细节，用选择疑问句或特殊疑问词引导的特殊疑问句来提问，学生只需用单词和短语来回答："When does John get up? When does he pick the cotton? Do you think it rains a lot in this country? Do you think the chickens are in cages or all over the farm?"。仔细听，捕捉文中细节，用正误判断或用完整的句子回答问题："John was given his name by his father. John's father was brought to America as a slave.Slaves lose only their freedom."。

2. 倾听接收、理解

一般要求学生听三遍并做到：第一遍略听，针对练习中的 A、D 两项捕获有关信息，了解内容，进行整体感知，并确定 A 项的答案，如 water the plants, cut down trees 等；第二遍精听、细听，针对 B、C 两项，听要点，听细节及关键词和特定词，听得出起床时间、所做事情等；第三遍侧重对疑难问题、句子进行对比、判断、分析，然后确定答案。

3. 听后练习总结、提高

教师与学生进行口头交际，引导学生讲讲文中主人公的生活，来检查听的效果。除此之外，教师还应指导学生掌握听的技能，引导学生从 "I have to look for the eggs" 推断出：The chickens are all over the farm 的结论。总结文中 "a" "the" 等词的弱读、连读、不完全爆破，及 "didn't understand" 和 "did understand" 相似音的辨别等要领和技能。

4. 复听重现、巩固

将所有内容复听一遍，使学生将所听内容及所获经验在听的实践中验证、融化、巩固，并享受听懂的乐趣。

三、英语听力教学策略

作为学生听力训练的指导者，教师必须针对学生在听力训练中存在的困难，从多方面入手，使学生对提高听力水平，树立信心，消除畏惧心理。训练要有计划、有步骤、有系统地进行，什么阶段重点训练什么技能，应有明确的计划，不能操之过急。应从基本的听单词、单句入手，逐渐过渡到听较长的复合句、段落以至完整的文章或对话。在基本掌握一种技能之后，再训练新的技能。

（一）听力材料选择策略

1. "真"听力材料与"假"听力材料

我们经常会遇到这样的问题，许多中国学生在学校里学了多年的英语后，一旦有机会到英语国家学习或有机会与以英语作母语的人交谈，他们却既听不懂，也说不出英语。这说明他们在学校里进行的听说训练并没有为他们做好与人交流的语言准备，他们所听的听力材料不是真实的语言材料，而是"假"的听力材料。自 20 世纪 70 年代以来，世界上便有了许多关于"假""真"语言材料及其应用价值的辩论。1986 年，大卫·福曼对"真"与"假"语言材料做了最精确的论述。

他给"真"语言材料下了定义：如果一份材料，体现了真实的现实生活交流需要，而不是模仿现实生活交流需要，则这份材料是"真"语言材料。他认为"真"听力材料的特征是自然的节奏、发音、语调；对话者之间有一些话语的交叠，包括打断对方；正常的讲话频率有时快，有时慢；句子结构相对松散；不完整，有错误的开头；有背景声音；自然地开始和结束；比书面语言的信息量少。值得指出的是，所谓的"真"英语听力材料只是一种相对真实的材料，但可以从一开始就使学生听到人们如何用英语进行真正的交际。这种语言材料使学生接触到的语言带有真实语言的特征，同时还包括各种声音、各种语音、各种场合和各种方式的谈话。长期利用这种材料训练学生，将为他们今后真正与英美国家的人交往打下良好的基础。但是真实的英语听力材料听起来比较难，在学生英语水平较低时，教师可选择类似真实语言的听力材料。

在大卫·福曼看来，"假"听力材料是对真实的现实生活交流的一种模仿。"假"材料具有以下特征：不自然的节奏、语调；过于清晰的发音；对话者之间没有话语的交叠；慢而单调；句子结构完整，像是在读而不是在说；没有背景音；人为地开始和结束；信息量大。值得注意的是，教师如果长期使用"假"听力材料训练学生，学生就难以了解真实的语言特点，不知道如何在实际生活中运用语言。一旦他们有机会与以英语为母语的人交流，他们就可能听不懂，说不出。

2. "真"听力材料的标准

每位老师在给学生选择听力材料的时候，心中都应当有一个选材的标准。一般不外乎以下七个标准。

①难度。所选的听力材料既不能太难，也不能太简单，应具有一定的挑战性，使学生听后有信心，又感觉学到了东西。

②内容。听力材料的内容应当幽默诙谐、现实、有生活气息，能充分激发学生去探究知识，获取信息。听力材料如果有图片、地图、图表等其他直观材料，则比较理想，这些辅助材料能帮助学生理解听力材料，特别是比较陌生的话题。与此同时，这些辅助材料还能帮助教师设计听力任务。

③时间。听力材料的长度一般在半分钟到五分钟之间。如果太短，不能给学生提供足够的时间熟悉听力的题材或说话人的声音和语调，信息量也太少；如果太长，则会对学生形成太大的压力，学生容易分散精力，感到烦躁。

④材料的语速。我们应始终坚持一个原则：培养学生听懂正常语速的英语。如果语速过慢，则将失去语言本身应有的自然节奏与语音、语调，不利于培养学生听懂正常语速的英语。

⑤材料的口音。听力材料的口音应具有美音、英音、加拿大音或主要英语国家的地方口音。这样才能为学生的适应能力打好基础。

⑥真实度。听力材料越真实越好。真实的听力材料具有语言所应有的各种特征，只有用这种材料训练学生，才能为他们今后用英语交流做好准备。

⑦素材的质量。听力素材应当清晰、没有杂音，背景声音音量适中。

3. 如何选择听力材料

①选听话题多变的材料。课程标准明确指出，学生应能听懂日常生活、文化教育、风土人情、时事、科普知识、演讲、报告、短剧、辩论等方面的内容，所以应选择由易到难、逐步深入的系列材料。选择时可以从短句到长句、从句子到短文、从短文到临场对话，逐步深入。例如可使用华东师范大学出版社出版的《听力入门》（*Step by Step*）。这个听力材料中有单词辨音、句子听写、短文理解等，语音原汁原味，题材变化多样，且按由易到难的顺序组织，适合

作为听力辅助材料；又如我们熟知的《新概念英语》，选材幽默诙谐，句子由短到长，文章由浅入深、循序渐进，语音纯正地道，不失为学生泛听的好材料。

②选听英文歌曲。英文歌曲是英美文化的精粹，也是不同历史时期的优秀产物。它经历了历史熔炉的锤炼，形成了不同的风格。适当地给学生介绍一些英文歌曲的经典作品，既能加深学生对英美文化的了解，拓宽学生的知识面，又对提高他们的听力水平有一定的帮助。英文歌曲如能同课文教学结合起来，还有助于活跃课堂气氛，调动学生的学习积极性。

如 SEFC Country Music 一文讲到了美国著名乡村歌手约翰·丹佛（John Denver），他演唱的《乡村路带我回家》（Take Me Home，Country Road）旋律优美，歌词感人。教学步骤可这样展开：播放歌曲——听记歌词——讨论歌曲主题——提供正确的歌词——教师简单解释歌词——回答学生疑问——再次播放歌曲——学唱歌曲。采用这种寓教于乐的方式，学生在不知不觉间提高了听的能力。

③组织观看英文原版录像片。每隔一段时间组织学生观看外语教学录像片，对提高学生的听力理解水平，增强学生对听力教学的兴趣大有裨益。考虑到大多数学生听力水平不高的实际情况，在选择片子的时候不要一味地追求名片、名著，而要尽量做到由浅入深、循序渐进，以适应大多数同学的需求，选取贴近学生生活的片段。每次播放前，教师将背景、人物、剧情等有关材料印发给学生，帮助他们了解相关内容，以收到更好的视听效果。这样长期坚持下去，学生们对英美社会的方方面面会有感性的体会。

④教会学生收听广播新闻。广播新闻既可以作为英语泛听的材料，又是听力考查中常出现的体裁。它与报纸英文新闻不同，有下列特点：广播英语新闻篇幅一般比较短小，写法具体实在。经常收听广播英语新闻的听众可以发现，无论是 Radio Beijing 还是 VOA，它的第一个节目都是新闻节目，从新闻的具体编辑到播出，总是由短到长，由简明到详述，由报道到评论。例如，听众最先听到的是新闻提要（headlines），它相当于报纸上新闻的标题，一般只有一句话，以使人们对新闻有一个第一印象；然后是简明新闻，最后才是新闻评述。所有这些新闻都比较括要、精练。这个新闻节目通常只有 15 ～ 30 分钟。广播英语新闻的谋篇布局一般符合人们的日常说话习惯。广播依赖听觉的特点，要求广播新闻在谋篇布局上有别于报纸新闻。我们知道，新闻最普通的结构是倒金字塔结构，要按照事实本身的重要程度安排叙述的前后次序。广播新闻一般也恪守这一结构的基本原则，但除此之外，它还要尽可能考虑照顾人们日常听说话的习惯，在交代具体事物上，力求符合人们日常说话的方式。广播英语新

闻的遣词造句简明、口语化。广播具有一听而过、转瞬即逝的特点，它面对的听众千差万别，文化程度高低不一。这都要求新闻在遣词造句上简单明了，尽量口语化。它一般很少用或尽量不用书面语，更避免使用任何技术性、业务性很强的专业术语。人们可以发现，电台里播出的英语新闻，句子一般都比较短，以主动语态的简单句居多，基本没有倒装句之类的句子；所用时态并不强求精确，像用现在时态代替将来时态，甚至代替过去时，都是较常见的；绝大部分的英语单词也都是人们日常生活中经常使用的。广播英语新闻充分运用了音响效果，感染力强。采用带有音响的报道形式，是发挥广播的长处，增强宣传效果的重要途径。国外电台的新闻报道有相当一部分都是录音报道，如由记者在新闻事件发生的地点或现场做口头报道。在这种报道中，除了有新闻现场人物的讲话、典型的音响，记者还以目击者的身份，直接对现场进行描述和报道。这在 VOA 的新闻报道中是很常见的，它对于听众有很强的可信性和感染力。

（二）基本功训练策略

①扩展背景知识。背景知识是指听话人具有的听力材料所涉及的风俗习惯、生活方式、价值观念等方面的知识。有时学生听出了句中的每一个词，却不知道整个句子的意思；听懂了全部句子，但却不能理解整个语篇的意思，其原因就是缺乏相关的背景知识。在语言背后的是思想文化上的差异，比如把"产生、发展和消亡的过程"翻译成"the process of birth, growth and death"，美国人觉得言简意赅，形式优美；英国人却主张用哲学经典著作中"the process of coming into being, developing and passing away"的说法。背景知识的作用就在于，它能为听者提供判断、推理、猜测的依据。背景知识的积累除了听和阅读之外，更需要教师的介绍。

②丰富语音知识。语音知识是听力理解的基础，语音是听的物质外壳。每个音素、音节、词语、句子都不是孤立地存在的，它们在一连串的语流中会发生各种变化。听者要结合一定的词汇、语法知识赋予这些语音特定的意义。而且，不同的人，其发音的特征、讲话速度、讲话方式、重音、语调都会有所不同，即使同一个人讲同一句话，由于重音、语调、节奏的变化，这句话的含义也会发生变化，代表的态度和感情也会不同。学生往往由于英语语音基础知识不扎实，常造成听力理解困难。因此要丰富他们的语音知识。

③掌握朗读知识。如音节、重读、意群、连读等。如果长期读不准单词的发音，也肯定不会听得准确。如把"beat"发音为"bit"、把"fill"发音为"fail"、把"close"发音为"clothes"。再如"I had to get up at six every morning."在

这个句子中，"get up at"应连读，而"six"是本句中最重要的一个词，应重读。除了掌握知识外，教师还应要求学生经常实践，如大声朗读以及跟读录音，让他们体会英语的语音、语调、重读、弱读、意群，甚至韵律。

（三）听力技巧指导策略

听力技巧一般包括预测、猜测、判断、推理等。它是对已吸收的语言信息的积极思考加工，实际上也是一种认知策略。运用这种策略的主要依据有具体的语境、听者对题材与主题的熟悉程度和文中的语法逻辑关系。听话人要对所听的题材做出判断，判断它们是正式的演讲、报告、谈判，还是日常的交流、问候、打电话等。不同的人物，由于身份、相互关系、场合的不同，措辞的方式也不尽相同。听者不仅可以根据说话人的年龄及相互关系预测讲话的内容，也可以根据讲话的内容、场合等来判断说话人的身份，进而推断说话者的观点和态度。如果听者对谈话的主题非常熟悉，也就比较容易理解说话人的意图或言外之意。另外，文中的语法逻辑关系，如比较、假设、因果、转折和并列等，都具有明显的话语标志。比如听到"if"，那就表示条件假设；听到"however"就是表示转折；听到"for instance"就是表示举例论证等。对学生的听力技巧指导主要包括以下几个方面。

①听前浏览题目。在听材料前，抓紧时间，快速浏览题目及选项，捕捉一切可以从题目及选项上获得的信息，同时预测内容，打有准备之仗。一般地，可以获取的信息有三个方面：每篇材料后有几个问题；材料的题材；材料的体裁。如，"listen to the conversation, answer the question through 11 to 14"。这个指令提供两条信息：考生听到的将是一段对话，将就这段对话回答四个问题。

②抓住首句。抓住文章的第一句以了解其中心思想，因为第一句对整段话有概括或提示作用。有时短文第一句话可能只起到引出主题句的作用，因此要提醒学生特别注意信号词"however""therefore""but"等后面的句子。

③带着问题听。听对话时要带着的问题有：对话双方的关系（Who are the two speakers？），对话的主题（What are they talking about？），对话的时间、地点（When and where does this conversation take place？）。听短文时要带着的问题有：说话人的身份（Who is the speaker？），听话人的身份（Who is the speaker addressing？），谈话的主题（What is the main topic/subject of the talk？），谈话的时间、地点（When and where is the talk given？）。

④把握英语听力特点。要注意听力材料的口语化，它不像书面语言那样严谨，其句子简短、重复率高、冗余信息比较多，经常使用 in other words, that is，I mean，that is to say，you know，listen，look，well，you see 等在书面语中不常见的词语。同时要注意语音和语调变化。语音变化主要表现在连读、弱读、同化和失去爆破中，而语调变化主要表现为升降调问题。

⑤边听边记。听录音时要养成记录的习惯，尤其是对于一些数字、人名、地名的记录，因为这些内容容易忘记。另外，记录时要会用一些特殊的技巧，比如数字可用阿拉伯数字记，地名、人名可记下个别字母做提示。

在对学生进行听力技巧指导时，要注意避免以下几个问题。

①只听不读。要有效地提高听力，除了多听外，还应多读。这里的读指的是朗读。出声的朗读有助于改进语音、语调，增强语言感受能力。这对于感受说话人的感情色彩，提高听力理解水平很有好处。但教师们往往注重听的训练而忽视了朗读训练。

②只听不讲。这里的讲是指教师的讲解，即必要的指导。教师通常只是提供听力材料，放录音，然后核对答案，不提供必要的指导，学生的听力很难有较大的突破。这种听力模式充其量也只能叫听力测试而不能叫听力训练。一般来说，听前应有个准备阶段，教师应介绍相关背景知识，解释某些关键词，传授一定的听力技巧；听后应了解学生的听力情况，如典型错误、遇到的困难，并加以解决；此外，教师还应该做必要的总结，以助于学生总结经验，避免重犯。

③边看边听。有些学生总喜欢一边看录音稿一边听，甚至有些老师对稍难一点的听力材料也让学生采用这种训练方式，这样做是不科学的。我们知道，听力是一个通过听觉输入信息的过程，如果再辅以视觉信息，势必影响通过听觉获取信息能力的训练，而且视觉信息往往先于听觉信息。

④急于求成。由于受应试思想的影响，有些教师进行听力训练时总是采用高考题型，全是多项选择题，即人们常说的听力测试而不是听力训练。这样做不利于学生听力水平的提高。因为学生听时往往只关注与题目有关的部分，没有认真听其他内容，拣了西瓜丢了芝麻。而且，有些题目的设计也不够科学，学生有时可以从上下几个题目及其选项中推测出答案。在这种情况下，学生是不会认真去听的。

（四）听力过程指导策略

1. 听与说结合

听力教学的主要任务是帮助学生增强语言信息的接收和理解能力，而理解和表达是交际的两个方面，不能完全分离。因此听力教学应让学生在听懂的基础上围绕听的材料说，在说的同时增强其听的能力。具体的操作可采用如下模式。

①听前问答。教师设计一些问题，让学生在听前进行思考、预测和讨论，激发学生的想象力。根据话题展开说的活动，既可交流各自的预测情况，又可帮助学生扫除在听的过程中出现的障碍，从而降低听的难度。

②听后解释。听录音前，教师对材料中较难理解的词、短语和句子不做讲解，只要求学生听后根据上下文进行有根据的猜测、判断和解释。这样既可检测学生听的能力，又能锻炼学生用英语进行描述和解释的能力。

③听后回答。根据材料内容回答教师所提出的问题；根据材料内容互相提问和回答。听后回答问题不仅能增强学生的口头表达能力，而且有助于教师迅速了解学生的理解程度。

④听后讨论。教师可要求学生围绕所听的材料从各个角度进行分析和阐述。讨论题能引发学生的思考，这不仅加深了学生对所听的内容和语篇结构的理解，还培养了其用英语阐述自己观点的能力。

2. 听与写结合

①听前听写。在听前有意识地让学生听写有一定难度的词、词组或句子，为听时扫除障碍。另外，教师还可以有计划、有步骤地安排学生听写一些发音相近的单词，以及一些有同化、强弱读、连读、省略音和失去爆破等发音特点的句子，以提高学生听的精确度和加快写的速度。

②听中记录。不少学生能基本听懂材料的意思，但常常听了后面忘了前面，而且对内容的细节记忆不清，其原因是没有养成边听边记录的习惯。教师在教学中应训练学生边听边做笔记的能力，将材料中最能概括事情特征和本质的关键词，特别是将有关的人名、地名、时间或数字等记录下来。

③听后整理。听完材料后，要求学生及时整理笔记，具体内容包括符号、缩写的复原，遗漏部分的补充，材料要点和思路的归纳等。听后整理笔记的作用在于能充分利用短时记忆，将听时来不及记录但又十分重要的内容追记下来，使笔记更加完整和准确。同时在整理笔记的过程中，学生对材料的主要内容又默听或默读了一遍。这种加工整理的过程有助于学生对所听内容的理解和输出。

3. 听与画结合

作为一种教学手段，可用于描写性文章的听力。学生将所听到的描述用简单的图画表示出来，比如对公园的描述和对人物的描述。教师同样可以根据一幅图写一段文字，然后进行听与画练习。听与画活动既可由教师朗读，也可由学生朗读。这种活动对学生写的能力要求不高，只要听懂即可，对绘画的要求也不高，只要能将大体的位置、情节等表达清楚即可。具体操作步骤如下：①选择题材、难度与所听的材料相近的材料；②教师播放录音，或读给学生听，或由学生读；③学生在听的同时完成绘画；④学生相互比较对照自己所画的图画。

4. 听与译结合

这里所说的听译是指学生听了英语后，口头或笔头把所听的语言信息译成汉语。听译的内容既可以是单词、词组，也可以是句子、短文。听译是培养学生翻译能力的重要途径。因此，从学生开始学习单词起，教师就应对他们进行听译训练。先从听译单词、词组入手，随后逐步转向听译句子，直至短文。在听译的过程中，如发现学生的汉语表达有问题，教师要及时指出并加以纠正。必要时，还可向学生介绍英译汉的两种基本方法：直译法和意译法。直译法一般学生容易掌握，而对于某些难译或需要意译的地方，教师必须向学生解释或提示，尽管每个单词都认识，却很难猜中它的准确意思。如，在句子"His father is the breadwinner of the home"中，"breadwinner"的字面意思并不难懂，但要译准确还是不容易的。又如下面几例：

① Every dog has his day（凡人皆有得意时）。

② Let your hair down（别紧张）。

③ Don't get worked up about nothing（别大惊小怪的）。

④ It takes one finger to mend a dam（国家兴亡，匹夫有责）。

5. 精听与泛听结合

精听，即让学生不仅要听懂文章的意思，还要听懂每一个句子、每一个单词。一般来讲，精听的材料应具有一定的代表性，应要求学生多听几遍，了解所听内容及所听材料的体裁特点。如通过让学生精听一则简单的新闻，了解新闻体裁的特点。在精听后，可让学生复述所听的内容，听说结合。因为从心理学的角度讲，口语活动往往能形成平等的信息交换过程，心理负担较小，学生能够轻松地听。精听的方式可以是静听录音、边听边记要点、核对答案、重放录音材料等。

泛听，指学生听材料时不要求听懂每个句子、每个单词，而要抓住文章大意。一般较长的故事适合于让学生泛听。在泛听训练中，教师应尽可能让学生多接触各种不同的听力材料，使学生熟悉各种语境，从而培养学生对英语的感知能力。

第二节 口语教学原则、模式与策略

一、英语口语教学原则

语言是交流的工具，英语教学的最终目的是使在不同文化背景下的人能够进行交流。因此，对于大多数英语学习者来说，能说一口流利的英语是他们最大的愿望，而对于英语教学者来说，提高学生的口语水平也就成为他们最主要的任务之一。但是，由于多年来受应试教育的影响，很多学生虽然学了很多年的英语，却仍然是"哑巴英语"，听说能力相对读写能力较差，这就远远不能适应当今社会发展的需要。因此，当代英语教师面临的一项艰巨的任务就是尽快摆脱以往的传统教学模式，探索出能够快速提高学生口语水平的新的教学体系。

（一）先听后说原则

很多学英语的人常被这样一个问题所困惑：为什么儿童学母语比成人学外语要容易得多？区别在于儿童学母语是先学会言语，后学会文字。开始他们并不懂语法规则，而是在语音、词汇、句子中感受语言的实际意义，换句话说，就是先听懂，后说话。而成人学英语则不同，根据传统的教学方法，他们是先学会"文字"，即先学会单词的发音、拼写以及语法规则再进行交流，常常忽略了听的作用。因此他们在进行口语表达时，总是先对语言进行组织，而不能像儿童说母语那样形成直接反射。由此可见，听得越多，理解得越多，口语能力就越强。

因此，在教学中，教师不能只是单纯地说，而应采取先听后说的原则。很多口语教材都配有磁带，上课时应该在不看课本的前提下，听课文的内容，在学生完全听懂并能记住大概内容时，再学习、讨论课文。当然，仅仅是课堂上这点儿听的练习还远远不够。为了给学生提供更多的听的机会，学校可以通过别的渠道例如广播站等，在业余时间给学生播放新闻、故事、英文歌曲等，给学生创造一个良好的语言环境。日复一日，英语就会不知不觉地在学生的脑海中储存下来，使用起来也就容易多了。

（二）循序渐进原则

口语教学是一个循序渐进的过程，是一个无知—有知—熟练的过程，又是一个克服原有的思维模式与语言习惯，塑造新的思维模式与语言习惯的过程。

这些过程就决定了口语教学的复杂性、艰巨性与长期性。针对这三个特性，并结合英语教学的规律，口语教学大致应分为初级阶段、中级阶段、高级阶段。在这三个阶段当中，根据每个阶段学生的特点，侧重点与教学内容都应有所不同。

①初级阶段。其主要任务是培养学生扎实的语音基础与良好的语言习惯。语音是语言的载体，只有正确地发音，才能有效地传递信息，进行交流。在语音教学中，教师尤其要注意一些常见的错误，及时纠正、扫除这些发音错误。另外，对英音和美音要加以区分，不能混淆，不然就会听起来南腔北调。除了单词的发音，还应该注意连读、爆破、重读、轻读等问题。良好的语言习惯是指对单词、词组的运用要恰当，不能按照汉语的习惯编造句子。例如，在表达某件商品很昂贵时，不能说成："The price is high."。而应是"The price is expensive."。如果在这一阶段不能纠正这些错误，将会对以后能力的提高造成很大的障碍。

②中级阶段。教师应在初级阶段的基础上，着重激发学生的兴趣，使他们不仅"想开口"，而且"敢开口"。比如给他们一些贴近自己生活的话题，让他们谈论自己的见解；还可以开展一些趣味性的活动，如演讲、戏剧表演、辩论等。教师通过这些活动鼓励学生突破"开口难"这一关，克服他们的恐惧心理，有利于其口语能力的进一步提高。

③高级阶段。此阶段是口语表达能力的最高阶段，要求学生不仅能够表达对一些简单问题的看法，还能够对一些时事问题、社会热点问题提出自己的见解或感受。这就要求他们不仅要有较大的词汇量，更要有较宽的知识面。所以在这一阶段，教师要多让学生接触这些问题，扩大词汇量，实现对语言真正意义上的掌握。总之，口语教学是一个系统工程，只有合理地安排好每个阶段的教学任务，才能实现这个工程的顺利完工。

（三）适当纠错原则

要注意处理好表达的流畅性和准确性的关系。口语的流利性即口语表达的流畅性，是人们自由运用英语进行口头表达的重要能力。口语的准确性是指说话者表达语言内容与运用语言知识的正确程度。说的流利程度和准确性往往是一对矛盾体，如果过分地强调流利性，就容易使学生为说快而忽视语言知识和结构的正确性，因而不利于口语水平的提高；过分强调准确性，则容易使学生说话时随意停下来思考语言形式的正确性，从而导致语言交际的中断。

口语的特点，决定了说话者没有时间准备和修改错误，出现错误更是在所难免。当学生说英语出现了错误时，教师只能因势利导。一般来说，教师纠错时应注意以下几点。

①根据训练的目的和错误的性质区别对待。对不影响理解的错误，对由紧张、粗心所引起的口语错误应少纠正或不纠正。对那些比较严重，不纠正就会影响理解的错误应采取委婉的纠错方式，提高学生开口说的积极性。至于学生在说的过程中出现的许多口误，原则上不要一一指出，要让学生在日积月累的学习过程中自己发现自己的错误。

②注意纠错的时机和方式，切勿中断学生的思路。一般来说，学生在说话时被打断之后，容易产生抵触情绪，不想再说了。对于学生在语言学习过程中出现的各种错误，教师所采用的态度和纠错方式以不妨碍学生的顺利表达为原则。对于不同性格的学生，纠错方式也应有所不同。对于内向型学生，不宜采取否定的态度，最好在课后个别指出，教师要多肯定成绩、多鼓励、多引导，使其产生成就感，树立自信心。对于基础好的外向型学生，既要保护其面子，又要达到纠错的目的。

③客观地评价学生的表现。学生的学习能力和学习态度不可能完全一样，因此学生的学习效果也不可能一样。即使对一个出错较多的学生，除了指出话语中的某些错误并纠正外，还应肯定其在语言运用上的进步，特别要肯定其敢于开口、争取多练的积极表现，不能不分青红皂白，见了错误就批评。同时也不能一味地鼓励，不管学生说得怎么样，总是表扬，这样反而起不到鼓励的作用。

（四）气氛融洽原则

要提高学生英语口语水平，教师就应不断地改进教育教学方法，有计划地组织丰富多彩的课外活动，如英文朗诵比赛、英文短剧演出等。教师要积极利用实物、图片、幻灯片、录音、电视、电影和网络进行教学，帮助学生直接理解英语和培养他们直接用英语表达思想的能力。而要做到这些，就必须创造机会，营造浓厚的英语氛围。具体应该做到以下几点。

①肯定与尊重学生。学生往往渴望得到别人的肯定与尊重。教师应适当地、及时地对正确回答问题、出色完成学习任务的学生进行表扬，如夸赞他们"Well done！""Very good！""Good job！""Perfect！""Excellent！"。这些词语和句子看似简单，却能给学生以信心和动力。同时，对学生的缺点和不足要多指导，少批评、少责备。

②与学生合作。学生在学习的过程中难免会遇到一些疑难问题，而这些疑

难问题教师也可能当堂不能解释清楚。这时，教师应表示出合作的态度。例如，在学生提出自己的见解时，可回答："Maybe you are right. I'll check it out and tell you later."。而不能回避问题或压着不回复学生的问题。否则，教师很容易失去威信，失去学生的信任，甚至引起学生的厌学情绪。

③用乐观的态度感染学生。教师的情绪对学生的学习态度有着不可估量的影响。在英语学习中，学生的心态，尤其是课堂上的喜学或厌学情绪，在很大程度上受到教师的影响。因此，教师应懂得如何控制自己的情绪，并通过积极的语言来激励学生。

（五）活动多样原则

目前我国的英语教学在口语训练方面花费的时间较少。口语训练大多以个别活动的方式进行，人均时间受到很大的限制。解决这一问题的办法就是个别活动与集体活动相结合。以个别活动来检查学生"说"的质量，纠正错误，帮助学生提高"说"的水平；以集体活动来加大练习量，使全班学生都能得到较多的说的机会。常见的活动方式有以下几种。

①个别活动。这种教学方式可以用于检查复习所学知识及其运用能力，可以用于口语练习上。例如，每天的值日报告，要求值日学生用英语报告当天的日期、天气、学生的出勤情况。这就是综合运用所学知识进行语言表达的机会。在值日报告完成后，请几位同学就报告内容提出问题，要求值日同学回答，以练习听说。

②小组活动。在课堂上，学生以两个人为一组来进行活动，人数不宜太多，以免影响活动效果。以小组的形式展开活动，可以使学生在和谐气氛中进行语言交际。这种练习可使每个学生都有练习的机会。例如，在模拟警察与犯罪嫌疑人的审讯中，教师创设情境，学生两个一组，分角色扮演警察与犯罪嫌疑人，相互合作，预设一些审讯问题与辩解词句，展开对话。最后让学生表演模拟审讯过程。

③全班活动。英语是一门实践性非常强的课，学生仅靠课堂上教师的个别提问和小组活动来进行语言交际是远远不够的。教师应组织全班学生开展英语口语练习活动。例如，全班性英语朗诵比赛、英语歌唱比赛、英语戏剧表演等。

（六）在实践中练习原则

能否学好一种语言的关键在于学习的途径，要想练得一口好的口语，就必须遵循在实践中练习的原则，即"learning by doing"。让学生多练，多实践，改变以往老师讲、学生听的教学方法，使学生成为语言活动的参与者，而不只是被动的接受者。让学生参与实践的方法有很多，比如就某些课文内容进行辩论和讨论，依照课文对话的形式进行角色扮演，或者是在学习完一课后，对课文进行复述。在适当的时候，教师还可以采取先实践后学习的方法。比如在学习"进餐馆点菜"这一对话时，事先并不教给学生一些常见的酒、饮料和食物的名称，而是让学生自己准备。对于常用语，学生也可以按照自己的想法组织、编排。此外，教师还可以让每个学生都当一次"老师"，设计组织一次课堂教学。这不仅能使听的学生耳目一新，而且对教的学生来说，对所讲的课文也会有更加深刻的记忆。

（七）以学生为中心原则

口语课的成功与否在很大程度上取决于教师与学生是否明确他们各自在口语课上的作用。传统的教学方法决定了教师是课堂的主宰，而学生则处于被动、消极的地位。因而形成课堂沉闷，学生发言机会少等问题。新的教学方法应把课堂的中心转移到学生身上。学生应该是教学的出发点，是教学活动中积极、主动的参与者。以学生为中心有两层含义：一方面，在时间的安排上，学生"学"的时间要多于教师"教"的时间。教师不应该像以往那样占用大部分的时间进行讲解，而应侧重于组织、安排一些课堂活动，例如明确学习任务、选择训练方式，使学生有足够的机会进行练习。因此，教师的作用就像导演一样，虽然也很重要，但戏还得靠演员演，而真正的演员则是学生。另一方面，在教学内容上，教师应从学生的实际需要出发，选择一些新颖、活泼的教材，以能调动学生的积极性为目的。例如英语初、中、高级口语系列教材，就是一套比较好的教材。其形式多样，内容由浅入深，并贴近生活，很受同学们的欢迎。总之，新的口语教学模式就是对以往教学过程中老师与学生角色的大转换。老师由主体变为主导，学生由被动变为主动。

总之，为了适应社会的需要，提高口语教学质量，就必须改变传统的教学方法，确立新的教学思想，遵循新的教学原则。只有这样，才能真正达到口语教学的目的，实现口语教学目标。

二、英语口语教学模式

（一）五步口语教学模式

第一步是引入。引入的方式很多，如利用话题、图片、相关故事、情境等进行描写，创设言语情境；或有目的地复习已学内容，将已学内容置于新的语境和情境，引发学生的学习动机。第二步是启发。教师启发学生尝试，在相互交流中呈现新的内容，一要归纳语言材料的中心意义，二要了解学生现有的语言水平。第三步是输入。让学生自己听，让学生直接接触信息源，保证输入的质与量。第四步是操练。根据新内容的特点，通过多种形式，帮助学生记忆教学内容，要求采用学生熟悉的生活素材，以提高练习的质量。第五步是输出。新旧内容结合，联系学生生活、思想和社会实际，综合运用所学语言，提高学生运用语言的真实性和流利程度。

下面以 SEFC BOOK 2B Unit 21 Lesson 81 为例，说明这一模式的运用步骤。通过本单元教学，让学生了解一些音乐知识，并学习和运用表示意愿和决定的日常用语。

1. 引入

① Have a talk about music with the students.

② Gets the students to listen to some pieces of music and ask them to tell: "What instruments is each piece played with？"

2. 启发

①让学生仔细听录音，回答下列问题：

a. What are Mary and Rik discussing？

b. How many musicians is Rik going to bring？

②让学生从对话中找出表示意图和决心的表达方式："I've decided to; I'd prefer them（not）to; I'd rather（not）have some; We'd like sb.（not）to."。

3. 输入

Ask the students to listen to tape and follow it. Ask the students to read the dialogue in pairs. Choose some pairs to act out the dialogue. Encourage them to do it face to face.

4. 操练

让学生根据上面的句型编写一些小对话。

例 1：

A：What are you going to do this weekend？

B：I've decided to go sightseeing with my penfriend from New York.

A：Great.

B：What about you？

A：I'd like to stay at home and watch TV.

例 2：

A：Have you decided what present you'd like to give your mother for Mother's Day ？

B：Not yet. Recently I have been as busy as a bee. But I'd like to buy her something special. Can you give me some suggestions ？

5. 输出

让学生根据以下情境拟写一段和课文相似的对话。

New Year's Day is drawing near. You and your classmates are planning to hold a party for all the students and teachers，including your foreign teacher Mrs. White. You are one of the organizers of the party. Your friend（A）wants to know something about your preparations for the party.

（二）3P 口语教学模式

"3P"是"presentation，practice，production"三个英语单词的首字母组合。

Presentation，教师将要学的英语知识点或句型展现出来，让学生了解学习的目标。呈现的方式强调能够抓住学生的注意力，可以利用图画、声像，以及多媒体技术，使呈现的材料更加真实，贴近生活。

Practice，教师归纳出具体的语言规则或语言功能，然后就语言规则进行操练或者就某个语言功能进行操练。

Production，教师设计出具体的话语情境，学生围绕给出的话语情境进行对话练习。

（三）任务型口语教学模式

任务型口语教学模式就是以具体的任务为载体，以完成任务为动力，把知识和技能融为一体，学生通过听、说、读、写等活动用所学语言去做事情，在做事情的过程中自然地使用所学语言，发展和完善自己的语言能力。

1. 遵循的原则

①任务应有明确的目的。

②任务应具有真实意义，即接近现实生活中的各种活动。

③任务应涉及信息的接收、处理和传递等过程。

④学生应在完成任务的过程中使用英语。

⑤学生应通过做事情完成任务。

⑥完成任务后一般应有一个具体的成果。在设计任务时，教师应以学生的

生活经验和兴趣为出发点，要有助于英语知识的学习、语言技能的发展和语言实际运用能力的提高，要积极促进英语学习与其他学科间的相互渗透和联系，使学生的思维能力、想象力、审美情趣、艺术感受、协作和创新精神等综合素质得到发展。

2. 任务型口语教学阶段

在任务型教学中，教师通常以每个模块中的主题或每个单元中的话题为某个学习阶段的主题，将教学要求设置为该阶段的学习任务。教师在组织教学时，需要强化语言的应用和习得的过程，充分体现语言的交际本质。任务型口语教学模式可以分成三个阶段，即语言材料的引入、语言练习与语言的输出。

①引入阶段。向学习者介绍目标语言的形式、意义和用法，并为学习者提供一个适当的情境，使之能够反映目标语言的功能与设定情境间的相关度。

②练习阶段。为学习者设定一个真实的环境，让他们有大量的机会练习目标语言。学习者通过练习熟悉目标语言。练习阶段可分为控制式、半控制式和非控制式练习。在练习过程中，教师可逐渐减少对学习者语言输出上的控制。

③输出阶段。语言输出阶段为学习者提供更自由、更有创造力地使用新学语言的机会，同时使新旧语言点都得到综合运用。它为学习提供了与真实语言相联系的情境。

三、英语口语教学策略

（一）控制性教学策略

教师对教学的内容、语言形式和语言功能进行一定的组织，并按照一定的顺序指导学生进行练习。这种口头表达活动被称为控制性口头表达活动。我国的英语学习环境有限，因此控制性练习是必要的，它是英语口语教学的基础。它有利于帮助学生学习语言知识、提高语言运用能力。常见的控制性练习策略有以下几种。

①跟读与朗读。跟读的作用在于模仿和强化。学生通过跟读可以学会正确的语音和语调，形成良好的学习习惯。跟读可分为看书跟读和不看书跟读两种，也可分为全班、分组和个人等形式。朗读有助于发音，为口头交际打基础，同时有利于强化记忆音、形、义之间的联系。跟读和朗读是教师常采用的教学手段。教师应帮助学生掌握跟读和朗读的技巧。除了跟老师读以外，可以让学生跟着英语磁带读，以便学生接触并模仿地道的语音、语调。

②扩展操练。扩展操练是指在原有句子的基础上进行扩展，创造出更多的

句子、更复杂的句子。扩展操练有助于语言知识的联想，有助于学生熟练句型。

③师生问答。问答是英语教学中最常用的方法之一。问答可以根据语言知识与结构的要求来进行，也可围绕一定的主题和内容展开，如家庭、业余爱好、体育比赛、气候等。问答的语言教学是可以控制的。

④补全对话。补全对话可用于培养学生对问题的应答能力。可单独完成，也可在小组内完成。

⑤看图说话。它的优点是学生直接将图画所体现的或可以想象的内容与英语联系起来，有利于培养学生用英语进行思维的能力。教师应当注意选择一些学生感兴趣的、能够吸引学生的图片。

⑥复述。复述是培养学生用英语描述事物的形式。这种练习难度较大，要求较高。教师应经常教学生一些复述的方法和技巧，并使其采取适当的方式加以练习。如在学生复述前，教师可用问答的形式帮助学生理解所听或所读材料的脉络和层次，或者利用多媒体技术将材料的内容以动画的形式呈现出来，以使学生直观地感受到故事的情节和内容。教师也可将关键词写在黑板上，然后要求学生根据这些词语进行复述。

⑦对话。与问答相比，对话教学主题突出，连贯性强。对话可以在师生之间进行，也可以在生生之间进行。教师应提高学生的参与程度，使课堂成为全体学生进行语言交际的地方。

⑧流程卡。该活动要求学生根据自己手中流程卡的提示完成对话。具体操作如下。

a. 将所学材料编成流程卡。

b. 将学生两两分成小组，然后将两个不同的流程卡分给两人一组的两位同学。

c. 各组同学按流程卡的提示完成对话。

d. 对学生的活动情况进行抽样检查，如邀请部分小组到前面去表演。

⑨描述。描述是用语言说出一定对象的行为与特征。描述可分为图片描述、事物描述和行为描述。描述时应恰当使用能够描摹的词语，如描述大小：big, small, large, tall, short, huge; 描述形状：round, square, crooked, pointed, circle; 描述颜色：black, brown, white, orange, red, purple, yellow, green, blue, pink, sliver。为了提高学生的英语口语水平，专门练习描述方式是有必要的。

（二）非控制性教学策略

非控制性教学主要是指使学生根据交际的需要，自己选择合适的内容和形式进行交流。它的主要目的在于模拟真实的言语交际，由操练的说转为交际的说。为了表达思想，练习者可使用任何可能使用的语言形式。因此，设计这种练习时，教师就要注意说话者之间的信息差，创设真实的语言环境，形成需要表达和理解某种思想内容的交际现实，以此为中心开展活动。

①口头作文与报告。口头作文不同于书面作文，是围绕一定主题进行有准备的、有逻辑的、有意义的口头表达；口头报告是学生就某一主题，向教师和全班同学做的报告，其逻辑性、意义性都不及口头作文那么高。这是两种自由表达的形式，都要求学生有坚实的语言功底和较大的词汇量。教师首先应帮助学生进行模仿，引导学生进行口头表达。在经过一段时间的训练，学生能够在教师的帮助下完成任务之后，才能过渡到自由表达阶段。

②角色扮演。涉及不同场景下的各类人物，要求练习者恰当地使用语言。在英语教学中，角色扮演能够使学生理解不同场景的社会意义，并通过扮演不同的角色，在体会人物语言与感情的变化中熟练地使用语言，达到提高交际能力的教学目的。在角色扮演中教师应做好三方面的工作：其一，向学生介绍角色扮演的背景与具体场景的特征。其二，介绍角色扮演的对象，即说明人物的特征及其观点，小组与个人需要扮演的角色分配，然后学生通过小组讨论如何扮演角色与体现人物的特点。其三，明确各组的任务要求，但完成任务的具体细节由学生决定。

③角色卡小品。这是一个鼓励学生自由进行交际的策略，初中生可以根据角色卡的提示随意发挥。操作时可采用下列方式：将学生按角色分组，先将同一角色的同学编成小组，讨论怎样扮演这一角色；将不同角色的同学编在一组；学生根据角色卡的提示进行小品训练；各小组同学在全班同学面前汇报演出。各角色的提示可多可少，具体要求应便于学生操作。

④采访。在当今社会，采访或讨论是常见的交流形式。如报社记者采访某人，电视主持人采访某专家、名人等。在英语教学中，教师可以组织学生利用采访的形式进行口语表达，为课程学习与日常语言的实际使用搭起一座桥梁。在进行访谈活动之前，教师需要帮助学生掌握设计问题的技能。例如，假如你是一名记者，想采访一名班主任关于班级管理的一些问题。这时，教师应帮助学生了解一些常见的询问方式。如直截了当地提出："What do you do every day?"或者以附加疑问句的形式提出，先对某个问题进行核实，为进一步提问铺平道

路，例如"You get up early every day，don't you？"。如果请对方解释原因，我们可以说："Could you explain it clearly？"。

⑤讨论。在英语口语教学中，教师可以组织学生以班或小组的形式进行讨论。教师既可以作为组织者参与讨论，也可以由学生进行自由讨论。讨论的话题涉及邻里关系、购物、运动与健康、家庭生活、抽烟与疾病、教育与发展、少年犯罪等等。选择一个恰当的话题非常重要，它影响到讨论的展开程度。

⑥"陪审团"。该策略可鼓励学生发表自己的观点，激发其主动参与，通过大家各抒己见找到问题的解决方式。操作时可采用下列模式：

a. 组织学生研究座谈中要解决的问题；

b. 指定"陪审团"主席，由主席组织讨论；

c. 主席致开场白；

d. 各陪审团成员发表自己的观点；

e. 听众参与

f. 陪审团就争论的问题形成统一的解决方式。

⑦解决问题。要求学生找出解决不同类型问题的答案。活动涉及的问题一般是人们在生活中经常遇到并需要解决的问题。比如，在生活中，我们经常设想两种事物、两种行为、两种人之间的关系，并试图找出它们之间的异同。教师可以组织学生在课堂中做类似的活动，以此来练习口语。

第四章　初中英语阅读与写作教学

第一节　阅读教学原则、模式与策略

一、英语阅读教学原则

阅读是人们获取信息的重要手段，更是学习英语的主要任务之一。能够阅读英文原著，查阅外文材料是大多数英语学习者的共同愿望。但是，阅读教学应遵循什么原则？

（一）恰当导入原则

良好的开端是成功的一半。新课导入的成功与否直接影响着阅读教学的效果。英语阅读题材涉及天文地理、历史人物、环境保护、文学艺术等领域。体裁有记叙文、说明文、议论文等。教师在教学过程中，应根据阅读材料的不同，进行恰当的新课导入。

①图片导入。图片以其直观、形象和色彩丰富的特点，极大地吸引着学生的注意力。

②乐曲导入。优美动听的音乐不仅能陶冶人的情操，提高人的修养，在课堂教学中，它更能营造一种轻松活跃的课堂氛围。教师可根据阅读课文的主题选择合适的乐曲。

③故事导入。故事有通俗易懂、趣味性强等特点，容易引起学生的兴趣。

④新闻导入。新闻是发生在我们生活中的真实的事情。利用新闻导入新课是一个将现实生活与课堂环境相结合的有效办法。

⑤设置悬念。设置情境，提出问题，可以使学生产生强烈的阅读需要，带着目的进行阅读。有些问题学生根据已有的经验难以回答，于是就可以激起学生探究问题的兴趣，进而积极地阅读课文。

⑥讨论和辩论。在一些与社会日常生活紧密相关的阅读教学中，教师也可

以通过讨论和辩论的形式激起同学们观点的冲突，引发思考。

（二）分层理解原则

由于阅读目的、阅读方法、阅读材料以及个人的阅读水平不同，阅读理解可以分为文字的表层理解、文字的深层理解、文字的评判性理解三个层次。

①文字的表层理解。文字的表层理解是指读者对阅读材料中文字的表面意义的理解。在阅读中，读者只要能识别字词，理解文字的意义，就能获得文字的表层意思。在这个层次的理解中，读者能回答关于课文事实的问题。这些问题的答案在课文中可以找到。

文字的表层理解不仅限于文中具体事实的理解，还包括对课文段落大意及整篇文章主旨的理解。

②文字的深层理解。深层理解是读者在对文字表层理解的基础上，对文字内隐意义的理解。在这个层次的理解中，读者不仅要识别和理解文字的意义，还要根据有关的知识对文字进行一定的推断。

③文字的评判性理解。评判性理解是读者在前面两个理解层次上对材料的进一步理解。在这个层次上，作者不仅要依据自己的语言知识、相关的社会知识、文化历史背景，对文字的深层含义进行推断，而且还要对材料的内容进行分析、归纳、运用和评价。

（三）方法指导原则

1.训练学生掌握多种阅读方法

①精读与泛读相结合。精读是一种分析性阅读方法。读者通过对课文材料的形式和内容两方面的剖析，深刻领会原文中的语言要点和中心思想，并对它们进行加工，在头脑中形成一个对所读材料的全面认识。精读强调词汇、句子结构以及语法知识，便于学生系统地、全面地吸收英语知识。毫无疑问，精读是训练英语阅读基本功的有效方法。应当好好利用精读课学习和掌握阅读的原则和方法，练好基本功。但是，长期以来，我国英语教学强调了精读，却忽视了泛读。泛读如同我们在日常生活中随意地与人交谈或倾听他人谈论一样，对训练学生的表达能力和拓宽学生的知识面有着潜移默化的作用。同时，泛读是扩大阅读量的有效方法。不过，实施泛读教学需要注意：教师要选择适合学生阅读的材料，合理安排时间，运用恰当的教学策略，并进行适当的评价。总之，阅读能力的培养应以精读为依托，在掌握基本英语知识的前提下，拓宽阅读范围，打下坚实的英语基础，使精读与泛读有效结合。这样才能切实提高学生的

综合阅读能力。

②训练学生的视读水平。视读是发音器官不动而仅用眼睛的阅读。视读可以大大缩短文字转换为信息的时间，给读者提供思考的余地，便于读者根据自己的特点，运用一定的策略，提高阅读效率。视读比人们熟悉的朗读所需的时间短。在课堂教学中，教师可以在规定 5 ～ 10 分钟内，学生视读一篇文章并回答问题，以提高学生的视读水平。

③训练学生的略读策略。略读由阅读目的决定。进行略读的读者一般只想对阅读材料有一个大概的印象，了解基本信息。略读时，读者总是在尽可能短的时间内通读整个阅读材料，而不在意文章的组织结构以及写作意图。在引导学生略读报纸内容时，要抓住标题以及小标题；略读短文时，则要抓住文章的起首句和结尾段落。训练可以通过限时阅读活动进行，教师只要求学生在限定的时间内读完材料，然后说出主要内容。

④训练学生检索读的能力。与略读一样，检索读也是快速阅读的一种方法。两者的区别在于：略读是读者在对阅读材料一无所知的情况下，希望了解所读材料的大意；检索读则是读者对阅读材料有所知晓，希望从材料中找到某些特定的信息。检索读可分为目标检索阅读、文标检索阅读和文面检索阅读。目标检索阅读就是按目录查找信息。文标检索阅读是读者利用行文标记，如章节标题、粗体字、斜体字等来查阅信息。文面检索阅读是读者在一个标题下，阅读大段文字，找到所需要的信息。如在一篇文章中查找一个时间、一个地点或一个人名等。检索阅读要求读者时刻记着所要查寻的信息，有目的、有意识地寻找，跳过一些不必要的细节。

2. 根据不同的文体进行阅读方法的指导

阅读课文内容丰富，题材各异。教师可以根据文章的体裁和内容，采用不同的教学方法，指导学生进行阅读，从而使他们能抓住文章的中心思想，准确地理解材料。

在学习传记类文章时，教师可以引导学生以时间为主要线索来阅读文章。故事类文章情节性强，教师可以引导学生根据记叙文的六要素进行阅读，抓住主要内容和重要信息，准确地理解全文。对于议论文，教师可以引导学生找出赞成或反对的观点和理由。这样有助于学生更好地把握文章的主题。

3. 指导学生学会抓主题句

主题句是表达段落中心思想的关键性句子，是段落的有机成分，体现了文章的中心思想。能否迅速而准确地抓住主题句，决定着读者的阅读理解效率。

　　首先，要学会区分主题句和支持句。支持句是对主题句进行进一步解释、说明和论述的句子。其次，要注意主题句的位置。一般来说，主题句的位置有如下三种情况：①主题句位于段首。这种情况最为普遍，英语国家的人喜欢开门见山，将重点置于段首，有利于作者按照确定的主题有条不紊地往下写，也有利于读者了解文章的中心思想。②主题句位于段末。用归纳法展开的段落，经常将主题句放在段末。作者首先给读者呈现一些事例，最后得出概括性结论。③主题句位于段中。这种情况不大常见。主题句的前后句都为支持句，段落的内容按次要——重要——次要的程序排列。当然，不是所有的文段都有明确的主题句，有时主题思想贯穿于整个段落之中。这就要求读者有较强的推理判断力和概括能力，能从整个文段中归纳出主要内容。

（四）习惯养成原则

　　学生在阅读中容易形成以下一些不良的阅读习惯。

　　①过于依赖字典。字典是好老师，但不是万能老师，不可能解决所有的语言问题。有些同学一遇到生词或陌生词组，就迫不及待地翻字典。事实上，翻阅字典并非总是能获得有用的信息。例如，"He will be in the soup if he doesn't remember to hand in his homework."。句中"in the soup"的用法对于广大学生来说不可理解，因为人不可能在汤里。查字典，也找不到合适的解释。其实只要稍微开动脑筋想一下就知道应该是"有麻烦"的意思。一旦养成了遇见生词就查字典的习惯，那么离开了字典，阅读便会陷入寸步难行的境地。

　　②过于重视细节。阅读中经常会出现这种现象：读者读完一篇文章，对文章中的每一个词、每一个句子、每一个语法知识点都能理解，也能说出其中的情节、事件，但却不能对材料形成整体的理解，不知道作者的写作意图。心理学研究表明，大脑对信息的接收可以通过一些关键词连贯起来进行猜测，概括形成整体大意。逐字逐句的阅读方式不仅大大影响了阅读速度，有时还会造成整体理解的困难。

　　③回读。回读指的是读者在阅读中，重新阅读刚刚阅读过的内容。显然，回读会浪费时间，分散读者的注意力，影响阅读速度，挫伤读者的阅读积极性。

　　导致回读的原因主要是阅读材料超出了读者的阅读能力。如果阅读材料的语法结构复杂，生词生句太多，读者不能快速理解阅读内容，就会不断地重读前面的句子来理解当前的内容。如果读者对阅读材料的背景知识一无所知，读完材料却不能理解意义，他也需要重读前文来理解当前内容。

　　当然，不是所有的回读都是高效阅读的障碍。回读有时也是一种有效的阅读方式。在阅读过程中，当前的阅读内容与已有的意义相矛盾时，我们经常要进行核实性的阅读。导致这种回读的情况可分为两种：一是读者在阅读材料时没能一次性阅读完毕，第二次续读时，他就需要借助回读，唤起先前对材料的记忆，来理解当前的内容。二是读者在阅读过程中，读完了第一点，接下来应该读第二点，但他却无意中跳到了第三点。于是，当前的阅读与前文不一致，读者需要回读。

以上是有目的的、积极的回读。低效阅读者的回读却不是这样，他们的回读只是盲目地重读前文。

④指读和出声地读。有些读者阅读时习惯用手指着文字或读出阅读内容。这都是阅读的不良习惯，影响阅读速度和阅读效率。

在指读中，手指指示着阅读范围，读者的视线随手指的移动而移动。然而，手指一次只能指一两个单词。一般人定睛一次，少则三四个词，多则几行。因而指读会造成读者的视幅小、阅读速度慢等问题。放弃指读的重要一步就是将手指移开。教师提醒并监督有指读习惯的同学将手指置于书本外，利用渐进的快速阅读练习，迫使他们逐步改掉指读习惯，提高阅读效率。

出声地读，即朗读，是练习发音的有效手段，也是学习阅读的必经之路。然而，随着阅读训练的发展，阅读要求的提高，出声阅读却成了快速阅读的障碍。克服出声阅读习惯，一要正确认识英语出声阅读到无声阅读的三个发展阶段：a. 初始阶段，即识词阶段。该阶段读者在词形的识别和反应上有困难，需要靠出声的朗读获得词句的意义。b. 中间阶段。该阶段读者能熟练地识别词形，不需要注意文字细节，但还未达到通过视觉直接获取信息的程度。c. 成熟阶段。读者已具有丰富的经验，能直接凭视觉获取文字意义。教师应根据学生的阅读阶段和层次，有计划地设计相应的阅读练习，并给予阅读指导。二要指导学生有意识地改正出声阅读的习惯。建议有出声阅读习惯的学生在阅读时，嘴唇间含一小纸片，或者将手指放在唇上，一旦发现自己出声阅读，便立即改正。

⑤心译。即一边读，一边在心里将英语译成汉语。这是一种比较普遍的不良阅读定势，它在很大程度上违背了阅读的宗旨——培养英语语感和丰富的语言文化背景知识，难以有效地获取所需要的信息。

以上这些不良的阅读习惯是阻碍学生阅读能力提高的一些顽石，只有将它们予以铲除，学生才能在阅读发展的坦途上大步前进。因此，教师要善于发现学生存在的不良阅读习惯，及时指出并帮助学生纠正，为学生养成良好的阅读习惯提供指导，使学生形成科学、合理、有效的阅读习惯。

学习英语是为了更好地运用英语。阅读课的结束并不意味着学习的结束。

阅读课后，教师可以根据阅读内容以及学生的特点，进行一系列巩固和运用的练习。

（五）巩固运用原则

①口述课文大意或复述课文。这种方法不仅能检测学生对课文的掌握，还可以训练学生的口语表达能力。②根据课文进行有关的写作。这可以训练学生概括和归纳知识的能力，还可以培养学生的想象力和推断力。

为了敦促学生有效地进行课外阅读，教师可采用多种检测方法。比如可以用阅读档案促进英语阅读。以高一学生为例，一年级大概需要进行 18 万词以上的课外阅读。也就是说，平均每天要进行五六百词的阅读。因此，教师可以给学生布置一项作业，要求每位学生每周阅读 3 ～ 5 篇适宜的短文。文章不要太难，也不要太容易。学生制作表格，记下阅读日期、阅读材料名称、阅读字数、阅读时间（分钟）以及读后感想。每隔一段时间，教师提醒学生将最能代表自己阅读水平的短文以及自己最满意的读后感存入档案内。教师安排一定时间，组织学生进行学习交流、阅读档案袋的比较等活动，从而扩大学生的阅读范围，提高课外阅读质量。

二、英语阅读教学模式

（一）自上而下模式

我们在阅读中不可能认识阅读材料的所有单词。而且，即使在阅读中没有生词，我们有时仍然不能理解文章意义。那么，该怎样解决这些问题呢？ 20世纪 70 年代初，古德曼提出自上而下模式。按照这个模式，读者不必使用整个文本中的提示，只要挑选文章中的足够信息来做出预测，用自己的经验和有关客观世界的知识去验证自己的预测。阅读是从宏观上不断推测与理解阅读材料的过程。在阅读时，读者不断根据自己原有的知识对文章内容进行假设、推断，在文章中找出相关信息来验证自己的推测。

自上而下模式反对逐字逐句地阅读，强调学生已有知识在阅读过程中的作用，主张调动学生对课文进行积极思考和扩展的主观能动性。但该模式忽视句法结构，过分强调读者已有知识的作用，容易导致学生对英语语言基础知识掌握不扎实，导致阅读水平和英语综合运用能力的下降。

（二）自下而上模式

自下而上模式是指在阅读教学中，从识别英语语言中最小的单位字母和单词（底层）到理解句法、语篇（上层）的整体意义。按照这个模式，对整篇文章的理解依赖于对构成篇章的句子的理解，对句子的理解又依赖于对组成句子的词组、词和语法结构的理解，对词和词组的理解又离不开对字母的识别。该模式强调教师在阅读教学前，先为学生解决文中的生词、生句，以及新的语法结构，认为学生只要掌握了英语语音、词汇和句法的基本知识就能理解阅读材料的内容。要求学生根据基本的英语知识逐句地阅读和理解，以达到理解全篇的目的。

自上而下模式正确批判了自下而上模式"只见树木不见森林"的弊端，但它完全忽视词义与句法的片面看法也不符合实际的阅读理解过程。即使一个人有很强的分析和推断能力，如果他目不识丁，也不可能进行阅读，更谈不上理解了。

（三）相互补偿模式

20 世纪 70 年代鲁姆哈特提出相互补偿模式。相互补偿模式也称图式理论模式。按照图式理论模式，读者的阅读能力由三种图式，即语言图式、内容图式和形式图式来决定。语言图式是指读者掌握阅读材料的程度。内容图式是指读者对有关文章的主题的熟悉程度。形式图式是指读者对文章体裁的了解程度。语言图式是内容图式和形式图式的基础。相应的内容图式的掌握有利于促进学生对文章的理解。形式图式的掌握有利于读者根据文章的不同体裁和结构，去理解和记忆文章的内容。

该模式认为阅读是一个复杂的心理语言活动过程，阅读理解是语言知识和人脑中的各种知识共同作用的结果。阅读教学的目标是提升学生的阅读能力。因此，教师在教学中应培养学生对语言图式、内容图式和形式图式的掌握能力。教师首先要帮助学生扩大词汇量，掌握基本语言知识，为学生调用内容图式和形式图式打下基础。其次，在教学中，教师应给学生提供相应的英语文化背景知识，以丰富学生头脑中的内容图式，培养学生调用内容图式的能力。最后，教师要分析不同文体文章的结构，系统讲授不同文体的特点，为学生的有效阅读创造条件。相互补偿模式既强调基本语言知识的掌握，也强调读者的已有知识背景。各种知识相互作用、相互影响，而并非仅仅是从上到下或从下到上的单一方向。为了能更好地理解相互补偿模式在阅读理解中的作用，我们来分析一个例子："Li Lei heard the ice cream man shouting in the street. He remembered his birthday money and rushed into the house."。看到这样的句子，大家一般都会这样理解：一个名叫李雷的小孩听到卖冰激凌的小贩在叫卖，他想吃，因此，他需要钱买冰激凌，于是他想到生日时得到的钱，他便跑回家去取钱买冰激凌。这个句子的理解就是多种知识相互作用的过程。

三、英语阅读教学策略

阅读教学的成功与否很大程度上取决于教学的策略性。阅读教学的策略性表现在采用模式的正确性，阅读过程处理的合理性，阅读评估的规律性和技巧使用的科学性。本部分要介绍的就是一些常用的阅读教学策略。

（一）合作阅读策略

学生参与活动掌握阅读理解的技巧，是一种比较有效的培养阅读理解能力，扩充词汇量，促进学生间合作的教学手段，对于水平参差不齐的班级尤为有效。该策略由以下四个部分组成。

①读前准备。该阶段的目的是使学生在尽可能短的时间内了解所要阅读材料相关的信息；激活有关话题的背景知识；预测文中将要涉及的信息。该阶段可以激发学生阅读的兴趣，为下一步的阅读提供支持。该阶段由两部分组成：

a. 通过激励使学生了解有关阅读话题的知识。比如，教师可以给学生一分半钟的时间，让其写出他们知道的所有与话题有关的信息，然后再给学生一分钟的时间汇总他们的信息。

b. 预测自己可能读到的内容。这时同样也可以令学生将其预测写出来。

②细节阅读。该阶段的目的是训练学生监控自己的阅读理解，注意自己什么地方已经理解、什么地方未能理解。当学生确定自己未理解的语段以后，可以通过下列方式帮助理解：

a. 阅读句子，寻找关键词帮助理解单词；

b. 阅读上下句，寻找线索，猜测句子；

c. 寻找单词的前缀或后缀；

d. 拆分单词，寻找其合成部分。

③大意理解。该阶段要求学生做到两点：

a. 寻找段落中最主要的人物、地点、事件等。

b. 用自己的语言介绍有关这些人物、地点、事件的最重要的观点。

在具体操作中，教师可首先提出阅读要求，使学生带着疑问阅读；然后组织学生分组讨论，总结主要意思；最后检查小组活动情况，请一个小组宣读自己所总结的中心大意，其他小组的同学进行评论，发表自己的不同意见。

④巩固。该阶段用于增加学生的知识，促进学生的理解和对所阅读内容的

记忆。一般采用组织学生就阅读材料进行提问的方式。为使学生能够问出高层次的理解问题，教师可以给学生示范各类问题的提问方式，比如教师可以给学生提供问题的组织形式。

以上四步旨在培养学生的阅读策略。当学生在教师的指导下掌握了有效的理解策略之后，可以开展合作性学习。各合作小组可由六人组成，各自扮演不同的角色。角色如下：组长，负责决定合作阅读中各阶段的任务，保证合作阅读的顺利进行；问题专家，在学生猜测词义时负责用问题卡片提示操作步骤；监控员，负责各个组员的参与，保证每次只有一人说话；激励者，负责对每个组员参与活动进行评估，鼓励每个人参与，对小组下一步的活动提供建议；代言人，在全班的巩固阶段负责宣读自己小组讨论的结果；记时员，负责合作阅读中各阶段的时间跨度，提醒小组成员及时进入下一阶段。

（二）交互阅读策略

交互阅读策略将学生置于学习的主体地位，是一种比较有效的教学策略。具体操作步骤如下：

①阅读教学前使学生了解阅读过程所涉及的四种技能：概括技能，提问技能，析疑技能，预测技能。

②教师和学生一起默读一段文章。

③教师示范。教师讲解四种技巧：概述阅读材料、如何提问、预测下文和如何就迷惑不清的概念细节进行析疑。教师可以展示用于各类技巧的问题，使学生清楚四种技巧的操作，具体如下：

a. 通过自问示范——"What was the problem? What was the solution? What was the cause? What were the effects? What was the order of the events?"。

b. 析疑——"What did the word at the bottom of page 4 mean? What did the au- thor mean when he said?"。

c. 预测——"What will the author say next? What's going to happen when...?"。

④教师鼓励学生扮演教师的角色进行提问。

⑤教师和学生轮流提问。

（三）同伴阅读策略

同伴阅读是一种比较有效的训练阅读技巧的教学手段，在培养阅读能力的同时训练学生的提问能力和回答问题的能力，不仅可以提高阅读能力、口头表达能力，也可以得到应有的锻炼。具体操作如下：

①选择两篇难度适中能激发学生阅读兴趣的阅读材料。

②将学生分成两人一组的小组。（在学生不具备应有的提问能力时）给每位同学事前准备好问题，以便学生进行回答。

③学生进行同伴阅读。一个问，一个读，然后回答问题，提问的同学根据对方的回答进一步发问，由此一直进行到无问题可问为止。注意，只有在听到对方的问题时才可以阅读，根据对方问题的种类选择不同的阅读方式，这样可以训练学生对阅读技巧的运用。

④对学生的阅读进行评估。教师可采用提问的方式。在回答教师的提问时，只有提问问题的学生才能回答，以检测学生通过提问获取信息的能力。

（四）自选阅读策略

该策略通过指导学生选择自己喜欢的阅读材料以自己喜欢的方式阅读，培养学生对策略的综合运用能力。具体操作如下：

①布置阅读任务，比如，阅读后就故事内容进行总结，或介绍自己比较感兴趣的细节等；

②选择自己喜欢的阅读材料进行阅读；

③学生共享自己阅读的材料信息；

④检查学生的自由阅读情况，可采用学生汇报的方式，也可采用书面总结的方式；

⑤组织学生对自己的阅读方式进行讨论，增强学生的阅读策略感。

（五）自选组织者策略

该策略用于阅读前教学，通过梳理学生的背景知识，引发学生思维，刺激学生对所要阅读的材料产生兴趣。操作方式如下：

选择与阅读材料类似的话题组织学生讨论。如在阅读"a typical school day in Japan"之前，可组织学生就"a typical school day in China"展开讨论，并且将所讨论的结果归纳总结。

组织学生就所要阅读的话题进行预测，同时比较与刚刚讨论的话题有何不同。将预测内容与第一步讨论的内容记录下来，以便阅读后进行对比。

（六）质疑策略

质疑作者并不是简单地挑战作者，而是鼓励学生更好地理解作者的写作意图和文章的结构等，从而对文章进行恰当的评价，亦可指出文章的不当之处。操作步骤如下：

①布置阅读任务，一般以文章的一、二段为宜，不可超过一页；

②交代阅读时应回答的问题。

a. What is the author trying to tell you？

b. Why is the author telling you that？

c. Does the author say it clearly？

d. How could the author have said things more clearly？

e. What could you say instead？

③学生讨论自己"质疑"过程中对问题的回答情况。

④对学生的阅读情况进行评估。为了使学生更好地操作，教师有必要给学生示范。

（七）图片故事策略

该策略通过使学生根据图片进行预测从而激发学生的阅读兴趣，促进对文字材料的理解。具体步骤如下：

①根据故事制作相关的系列图片。

②将学生分成四人小组。

③展示第一幅图片，组织学生根据图片故事的发展进行预测。

④展示第二幅图片，学生根据图片调整预测并对下文做进一步预测。

⑤以此方式继续展示图片，直至故事结束。

⑥图片故事阅读完毕后，指导学生阅读文字材料，对比与图片的差别。

该策略的使用可以根据学生情况和故事的特点而定，如可将故事的开始与结束以图片的方式展示出来，学生根据这两幅图对故事的细节进行预测；也可只给出第一幅或最后一幅，组织学生对故事内容进行预测。

第二节　写作教学原则、模式与策略

一、英语写作教学原则

新课程标准根据学生认知能力发展的特点和学业发展的需求，强调在进一步发展学生综合语言运用能力的基础上，着重提高学生用英语获取信息、处理信息、分析问题和解决问题的能力，特别注重提高学生用英语进行思维和表达的能力，形成跨文化交际的意识和基本的跨文化交际能力。写作本身是一种思想情感的表达，是语言能力的综合反映。写作水平的高低往往表现为写作者是否会灵活使用恰当的词语和句型，是否会恰当地使用关联词、过渡词，是否会转换句式，用不同的方式表达同一个意思等。因此，英语写作教学要遵循一定的原则，对学生进行相关的写作训练和写作指导。

（一）注重基础原则

写作一定要以扎实的基础为依托，只有具备良好的语言基本功，才能充分表达自己的思想。所谓语言基本功指的是会正确地运用基本语法规则和基本词汇的常用词义及其习惯用法，并具备一些基本的修辞知识，了解汉英两种语言表达方面的重要区别。这是英语遣词造句的基础，即英语写作的基础。抓语言基本功训练可以从以下几个方面进行。

1. 加强词汇和句子训练

①词汇是文章的基础，没有一定的词汇量就很难写出好文章。对于单词教学，教师应加强单词的对比教学，让学生学会恰当地运用单词；要注意同义词、近义词及反义词的用法；也应有意识地介绍英语成语让学生记忆、练习，这样可以加强其写作时的修辞效果；重视常用词汇、词组和句型的基础训练，使写作成为有源之水。通过大量的阅读来积累、储存丰富的词汇以及习惯用语，丰富表达手段，培养英语语感。

②句子是文章表达思想的最基本单位，所以要加强句型练习、造句练习。造句是培养学生运用英语写作最简单易行的练习。造句练习可以和词汇教学、句型教学以及语法教学相结合，还可用连词成句的形式或用译句、仿写句子等其他练习形式。

连词成句练习可以加深学生对句子的基本结构、句子种类的认识，有助于其熟悉各种句式，合理运用各种句型。另外，学生在写作中应正确使用不同的句型来表达中心思想。因为句型转换和句子分合训练可以使学生学会用多种手法、句式表达同一意思，使写出的文章生动活泼。

2. 加强语篇分析

这是提高学生写作能力的有效途径。语篇分析，主要强调语篇的整体性、衔接性和连贯性。语篇的整体性是指文章应有完整的意义，而衔接性和连贯性则体现在文章的表层结构和底层结构上。准确把握语篇的整体性和衔接性是英文写作的关键。读书破万卷，下笔如有神。阅读是写作之源，教师应引导学生进行整体性阅读，总结出文章的大致框架和写作模式，来掌握写作技巧，借鉴别人的写作经验，将阅读所获得的知识及时地用于写作实践中。要尽可能多地读一些英文原著，多查查英语词典，学会用英语去思考。

3. 加强翻译训练

翻译是一种培养语言意识、排除母语干扰的好方法。教师要从单词、句法、篇章结构、思维方式和表达习惯等方面进行指导。通过翻译，学生可对比分析汉英两种语言的异同，从而增强中英文思维能力的转换。同时，就阅读材料中出现的语言点进行汉译英、英译汉练习，每个句子至少用两种以上不同的方法去翻译，尽可能多地应用常见的固定句型进行转换。学生在翻译每个句子时尽量做到：主动语态与被动语态、倒装句与强调句，以及简单句与并列句、简单句与复合句、复合句与复合句之间的转换。还可用不同词组进行替换，例如，try one's best，do one's best，make great efforts，do what one can。这样做，可以积累大量的词汇和语法知识。再如：Lily can solve the problem only in this way；Lily won't solve the problem unless she follow this way；It is in this way can Lily solve the problem；Only in this way can Lily solve the problem；The problem can be solved only in this way。一句多译能开阔思路，既能训练学生的综合运用知识的能力，又能为表达思想积累丰富的词汇和语言材料。经过长期的有目的的翻译训练，学生便可渐渐摆脱汉语思维，积累合乎惯例的英语表达方式。

（二）综合发展原则

在语言形式上，由写短语、写句子到写短文；在训练形式上，由听写、仿写、改写到造句、写短文。由简到繁，由易到难。总之，教师应依据英语新课程标准中英语写作的具体目标和要求，结合所教学生的英语实际写作水平，在学期教学计划中，制订出相应的训练内容、要求和方法。

在英语写作教学中，教师应该把听、说、读、写四种技能结合起来，四能一体，总体推进。因为语言的发展研究表明，作为学习手段的听、说、读、写是相互促进、相互依存的。

①写与听的结合。听是语言的输入，多听可以为写积累语言素材。教师应该要求学生听讲时做笔记，多布置一些听写任务，这样既练习了听又有利于写。另外，教师要充分利用听力材料，在听的过程中，除了让学生听懂并做完听力练习之外，还要让他们把练习作为引子复述听力材料，有时还可让他们写在作文本上。

②写与说的结合。说和写都是输出信息，表达思想感情。书面语是从口语发展而来的，在动笔写作之前，先就内容和形式进行口头准备，以便及时发现错误，为笔头操练扫除障碍。在说的基础上练习写作，先口头叙述后书面表达，说就成为写的准备和演习。大量研究证明，忽视说的能力的培养，会给写作带

来极为不利的影响。

③写与读的结合。读也是语言信息的输入，而且与写的关系最为密切。读不但可以增加学生接触语言的机会，同时也可丰富其英语国家社会文化方面的知识，积累相当的素材，使学生在写作中有话可说。因此，要利用教材中的对话和课文等阅读材料。在教学过程中，教师可以有意识地引导学生用自己的语言，把对话和课文的主要内容复述出来，要求对人称、时态做相应的变化。这样既能锻炼他们组织篇章结构、句子与句子之间逻辑关系的能力，又能提高语言的精炼度，提高写作能力。同时，要加强课外阅读。通过大量阅读，学生才能不断增加词汇量，在写作时才能准确、恰当地遣词造句。学生通过阅读了解社会风情、历史及各国文化，不断丰富自己的知识库，这样，才能使写出来的文章内容充实、丰富。

充分认识听、说、读、写的相关性，正确处理四者的关系，合理安排教学内容，使学生顺利地从听、说、读过渡到写作，从而使学生能充分利用获得的信息、语言和篇章知识进行构思、写作及修改，提高对英语文体的敏感度，增强英语写作的文体感和语体感，从整体上提高英语写作能力。听、说、读、写有机结合，事半功倍。为写而写，孤立地练习写作，就成了无本之木，难以奏效。

（三）技巧转换原则

在我国目前的英语教学中，相当一部分学校和教师对英语写作能力的培养不够重视，只是把写作看成应付考试的一种应急手段。这种不重视写作教学的现象严重阻碍了英语教学目标的全面实施。这里结合实际先谈谈英语写作教学中普遍存在的问题，然后讨论如何加强对学生写作技巧的指导。

1. 英语写作教学指导中存在的问题

①没有关注学生的综合发展。英语写作是一种具有创造性的语言思维活动，而不是简单地再现语言知识。听、说、读、写是相互关联、有机统一的，听、说、读对写有很大影响。在传统英语教学实践中，为了应付考试，收到立竿见影的效果以及教学的方便起见，教师多注重单词、词组、句型和语法知识的讲解，对课文只要求了解中文意思，忽略了文章的篇章结构的分析，没有把写作意识贯穿到阅读讲解课中。尤其是在初三阶段面临中考升学的压力时，为了迎接中考或应对频繁的摸底考试，教师就会按照听力、单选、完形填空、阅读理解、短文改错和作文，对学生进行专项训练。这种分项教学法造成的结果是使学生的听、说、读、写能力得不到全面整体的锻炼，以至于学生在写英语作文时无从下笔，难以用英语进行思维和准确表达。

②教学指导重点不当。写作训练需要循序渐进、合理安排。在这个过程中，教师对写作层次的训练和写作环节的指导至关重要。传统写作教学遵循教师命题—学生写作—教师批改的模式，但教师的命题往往存在脱离学生生活实际，难以让学生自由发挥的毛病。因为缺乏指导，所以学生写作没有章法，写作思路难以展开，往往只有寥寥数语，而且单词拼写及语法错误现象屡见不鲜，汉式作文比比皆是。而教师关注的重点是写作的最终结果，忽略了对学生写作过程的引导。就是教师评改，其重点也没有放在语篇整体、思想内容的挖掘上。再者，由于教师批改作文和撰写评语工作量大，耗时多，所以教师批改学生作文的次数有限，间隔的时间过长，在学生对自己所写的作文内容几乎没有了什么感觉的时候，教师的批阅和反馈也就失去了效应。长此以往，学生的写作训练得不到教师的及时指导，写作水平难以提高。

③写作评价不合理。教师批改与学生写作是两个孤立进行的阶段，两者之间缺乏直接交流。学生独自完成作文后上交老师批改，标志着整个写作活动的结束。教师是唯一的读者，教师的书面反馈是学生获得对自己作品评价的唯一来源。而教师批改的大多是语言形式的错误，对文章的内容、组织结构等则给出简短评语。教师的批改在一定程度上缺乏科学性和系统性，忽略了学生学习英语的情感因素，缺乏必要的监督措施，使批改流于形式。教师批改后的作文，并不能引起学生的充分重视。因为学生往往只关心作文成绩的高低，对教师的评语和修改的部分，很少仔细研究，更不会按照教师对内容的批语动手重写。这样学生就失去了通过自我纠错提高写作能力的机会，以至于同样的错误在以后的作文中依然会出现。

2. 加强对学生写作技巧的指导

①使学生熟悉英语各种文体及写作技巧。熟悉英语文体对文章的结构、组句成段、组段成篇都有至关重要的意义。教师在平时讲课中应介绍诸如记叙文、说明文、议论文等多种文体的写法，还要介绍其写作技巧，如分门别类、对比分析、因果探索、定义法和列举法等。在此教学环节中，教师要积极提高学生的组句成段的能力，介绍主题句的重要性，以及如何写主题句、如何发展主题句。还要注意加强句与句、段与段之间的一致性、连贯性及过渡性。教师应多给学生提供一些针对性较强的典范作文，引导他们赏析范文，从初中学习写作技巧、获取写作经验及素材，学会用英语表达思想的技巧，从而提高英语写作的能力。具体措施如下：

a. 要求学生熟练掌握五种基本句型：S+V；S+V+O；S+V+O+O；S+V+P；

S+V+O+C。在保留基本句型的基础上，巧妙地给主语、谓语或宾语增添一些修饰语可扩大句子所含的信息量。例如："Mary has a temper."增加修饰语可变为"Beautiful Mary has a good temper"。例如："That boy is my friend"。增加修饰语可变为"That boy whose father works abroad is my good friend"。要求学生用好文章中句与句之间、段与段之间的过渡词或衔接词，以增强文章的逻辑性。教师可以把常见的过渡词总结出来，让学生熟练掌握应用。

b.要教授一些英语写作的篇章结构知识，要使文章"形神不散"。"形不散"即用恰当的过渡词语把句子与句子之间的意思巧妙地连贯起来，而且应用简单句，复合句（如名词性从句、定语从句、状语从句、宾语从句等），各种非谓语结构，独立结构等，使句式丰富多变。"神不散"即写作要围绕一个中心进行。首先要确定文章中心，然后每段列出一个能反映文章中心内容的主题句，最后对每段的主题句展开写作，提供若干个子句来支持主题句。其次，掌握三段式（即所谓的凤头、猪肚和豹尾）写作技巧。凤头指的是应用背景法、人物法、主题句法、问题法、惊语法和故事法等精炼的语句巧妙地引入话题，使文章开头切中主题，收到良好的开端是成功的一半的效果。猪肚指的是用灵活多样的词汇和句式表达段落中的主题句、支持句和结尾句，并且要求覆盖文章所有内容，做到层次分明，合乎逻辑。豹尾指的是运用联想、对比等方法在结尾时对文章主题加以归纳总结，力求语言简洁扣题。三段式写作技巧运用得当就能增强语言的使用能力，从而使文章的结构更加紧凑。

②加强写作全过程指导。教师要重视写作的全过程，并加强对学生写作过程的指导。初稿完成后，教师将学生分成小组，组织讨论初稿。讨论之后，教师进一步引导学生在文章的类型、风格、语言衔接方式与手段等方面相互评改作文。学生在此基础上反复修改、扩展和完善初稿。成稿交给教师。教师对学生作文的评价针对内容、语篇和语言多方面予以指导性的反馈，肯定优点，指出共性的问题并全班解决。作文返还后，学生再一次修改自己的文章。也就是说，在学生预写初稿、讨论修改、定稿、反馈整个过程中，教师要给予学生精心的指导，消除学生的畏难心理，促进学生积极思考，从而激发学生的写作热情。

③结合多媒体技术进行写作教学。多媒体技术可以传递教学信息，提供直观画面。在写作教学中，教师可以利用它就某个主题有针对性地编排一定数量的单词与句型（典型句和常用句）进行操练，还可以利用写电子邮件的形式辅助写作教学。写作前，教师要指导学生如何识别写作意图，分析语篇特征、细节、行文布局，挖掘思维内容等。同时给学生讲解和提供必要的词汇，并且给出一些优秀的样例以启发学生仿写。教师可根据需要，选用投影的形式或电邮

的形式，传送给学生。学生可随意选择所需词汇、句型进行写作。写完后，学生可用计算机里的工具栏进行初步的对词汇拼写、语法方面的修改，然后再电邮给老师。教师将错误标出来，学生必须在计算机上改正，这样可使学生牢固掌握知识。总之，电子邮件可以成为英语写作教学的有力助手，同时可以促进教师与学生之间、学生与学生之间的书面交流，培养学生自觉写作的能力。

（四）文化转换原则

语言是文化的载体，语言又是文化的一部分，不能离开文化而独立存在。语言是文化产生和发展的基础，又是文化传播和交流的重要工具。我们学习英语，如果不了解英语国家的文化，就不能正确理解和使用英语，就会产生许多影响交际效果的失误，写出的文章就是中国式英语。为了培养学生的文化意识和跨文化交际能力，在日常的英语教学中，教师要随时注意发掘和传授有关英语国家的文化背景、政治制度、价值观念、风俗习惯、宗教信仰、礼貌礼仪、心理概念等的文化知识。除了教材中涉及的一些文化内容外，教师还应该有目的地选用一些浅显易懂，符合学生目前英语水平的，涉及英美文化方面的阅读材料、电影、电视、广播节目、网上材料、戏剧、歌曲、广告、说明书等，使学生在语言学习的同时增加英美国家文化知识，运用所学语言知识和技能去吸收英语文化知识，达到能够运用英语进行交际的目的。

二、英语写作教学模式

①任务写作模式。该模式主张在课堂中由学生和教师共同完成某项写作任务，重点不是在语言的形式上，而是在写作任务完成的质量上，使学生能自然地发展他们内在的学习机制。既要注意语言形式，也要以有利于写作任务的完成为前提，即语言形式要为写作任务的完成服务。教师可以按照写作前期、写作进行期和写作修改期三个步骤进行操作。

写作前期。教师提供有特定目标和意义的写作任务，选择的主题应是所有学生都较熟悉的，如笔记、感想、总结、简历、摘要、实验报告等。而且，不同的任务提供不同的写作素材和语言形式，激发不同背景知识的语言信息，给学生提供课堂上运用真实语言的机会。任务选好并强调其重要性后，学生之间、师生之间就任务交换意见，策划方案，选择方法和寻找信息等。

写作进行期。首先，要求学生按前期写作中的范文和教师的提示在特定时间内独立完成初稿。其次，教师把学生分为几个小组，按以下几个问题就其作文进行讨论、计划，并且共同拟定讨论文稿，为后面的报告做准备：我想要写什么？目标是什么？对此任务的态度是什么？对此主题了解多少？对此题目感兴趣的是什么？此题目最重要的是什么？通过讨论，学生一起分享他们的写作目的、观点和方法。最后，选几名代表汇报他们的讨论结果，汇报时除注意以上几个问题外，还要注意写作中语言的精确性和流利性。在此阶段，教师只充当观察者或助手，提醒学生注意某些形式，以及形式与意义的联系等，使他们顺利地完成任务。

写作修改期。教师带领学生一起讨论他们的作文。教师先分析学生的汇报，并对诸如文章主题、说明主题的例句和观点等提出评判标准，然后根据这些标准评价学生的作文。教师还可以利用质量不同的作文让学生自己评判并产生一致的评价标准。最后，各组可以交换初稿，讨论并根据评判标准修改初稿。同伴的反馈很重要，它可以使一些标准内在化，并且提高他们独立评判他人和自己作文的能力。在此阶段，教师还可以针对学生作文中出现的一些问题进行语法练习，使学生的作文在意义和结构表达上更准确。

教师在教学过程中可以根据具体情况灵活地运用和实施上述教学步骤，以收到最佳的教学效果。教师在运用此模式时要注意以下两点：其一，在任务具体实施过程中，对意义和语言形式之间的尺度要注意把握。忽视任务内容，会导致执行任务的过程变成语言形式的机械操练，缺乏交际意义；而忽视语言形式，又无法促进学习者的中介语的发展。所以偏向任何一边都会使此模式失去真正的教学意义。其二，教学中选择任务时要有一定的难度，有一定的复杂性。因为任务过于简单会使学生感到厌倦，不利于学习。有组织的任务可使有限时间内的语言学习更有效。

总之，该模式既教会学生怎样在完成一系列任务时运用自己的交际能力，又要求教师不能再用传统的教学法，而要与学生一起身处语言交际的情境中。该教学模式体现了外语教学从关注教法转向关注学法，从以教师为中心转为以学生为中心，从注重语言本身转到注重语言习得过程。以任务为本的教学能最大限度地调动学生的主观能动性，培养他们运用语言克服困难，完成任务，并从中发展认知能力和处理问题的能力。

②分阶段写作模式。该模式把写作的重心放在学生的写作过程和写作能力上，以学生为中心，每个学生都能参与到写作活动中去。提倡学习者的相互合作，有利于学生了解自己的写作过程，充分发展他们的思维能力。学生在写作过程中能及时得到读者（老师、同学）的帮助、反馈和指导。分阶段写作模式在培养学生写作能力、调动学生的积极性和开发学生思维能力方面具有良好的作用。分阶段写作模式要求通过分组讨论实现学生积极参与及相互交流，强调

通过教师对学生的初稿、二稿、成稿的多次评改而实现教师监控及师生间的充分交流。可以说，教师是否组织、如何组织学生进行小组讨论，以及如何对学生的作文做出反馈是分阶段写作模式能否成功的关键。分阶段写作模式主张让学生进行适当的仿写练习。首先由教师对所选材料详细讲解，帮助学生理解文章的内容，了解文章的谋篇布局，分析作者的写作手法和技巧。然后让学生运用范文的框架，写出自己所要表达的内容。这种方法一直被视为学习写作的捷径之一，这也是它历来得到人们推崇的原因。分阶段写作模式强调增加课外写作，课堂写作的时间毕竟是有限的，仅靠课堂写作训练是难以提高写作水平的。教师在课堂上应布置写作练习，让学生课外完成。此外，还应让学生养成用英语记日记的习惯，把自己每天想说的话或所发生的事情用英语记下来，锻炼英语思维能力和写作速度。分阶段写作模式具体包括以下三种模式。

三阶段写作模式。通常分写前准备、写作、修改三个阶段进行。三个阶段不是线型排列的，而是循环往复、穿插进行的。写作者构思、写作、审阅、修改；再写作、再审阅、再修改……这是一个相互交叉、相互包含的过程。每一个阶段在最后成稿之前都可能被多次重复，文章也会经过多次修改，不断趋于完善。几个阶段反复交替进行，互相渗透、依赖，任何一个阶段都可能在另一阶段进行中出现，循环往复，贯穿于整个写作过程。

四阶段写作模式。目前英语写作教学中常用的分阶段教学模式主要是四阶段模式。所谓四阶段写作模式是指写作过程按四个阶段进行，即命题讨论阶段、完成初稿阶段、再讨论以深化主题阶段及编辑成稿阶段。

a. 命题阶段。改变以往由教师直接命题的做法，而由教师和学生双方共同提供素材，所选素材可以是师生双方均感兴趣的话题，贴近学生的思想生活，符合其认知阶段的特点，并在其语言驾驭能力的范围之内。组织学生就这些话题进行自由讨论，让学生各抒己见来确定文章写作角度以及可利用的素材。在这一过程中，教师不要强求学生完全确定自己要表达的所有观点。

b. 完成初稿阶段。学生在讨论的基础上提炼出自己的观点，悉心审视并围绕中心议题展开讨论，尽可能充分地支持自己的观点，并打腹稿。然后学生对腹稿进行取舍，整理出一个提纲，在此基础上进行初稿写作。这样学生在经过自由讨论后完成初稿，改变了以往内容空洞、条理不清的状况，能够比较清楚地表达自己的观点。

c. 深化主题阶段。在这一过程中，学生就已完成的初稿进一步展开讨论，内容不仅涉及文章意欲表达的观点，而且包括文章的语言形式及组织结构等。讨论过程一方面有助于文章主题的进一步深化，另一方面有助于学生进一步巩固所学的语法和词汇知识。学生在作文中的错误由他们自己发现并进行改正，教师在一旁给予必要的指导及讲解，并加以归纳总结，这样可以使学生的语言体系渐趋完善。这一过程本身对于学生写作能力的提高具有深刻的意义。学生然后根据老师、同学的意见单独或与其他小组成员一起修正初稿。

d. 编辑成稿阶段。学生通读全文，再次审视文章的内容和结构，进行必要的补充、删减和润色，使文章更加准确地传达意欲表现的观点。最后编辑成稿，交给老师批阅。

五阶段写作模式。五阶段模式即写前阶段、起草阶段、修改阶段、定稿阶段、反馈阶段。该模式强调对学生写作的反馈。教师在批阅作文时，应注意发掘学生作文中的优点，给予肯定和鼓励。批阅后的作文应在课堂上发还给学生。他们根据教师的标记或符号找出自己的错误并加以改正。学生可以随时向教师请教，还可就教师的评语与教师进行讨论。教师还可以就具有普遍性的问题在课堂上统一评讲，把优秀作文作为范文评讲。这样的教师反馈才能对学生有实实在在的帮助，而不是流于形式。

③头脑风暴写作模式。头脑风暴法又称智力激励法，是一种集体开发创造性思维的方法，它能广开言路，激发灵感，通常围绕一个话题，在个体头脑中掀起思想风暴，让所有的参与者畅所欲言，并以此诱发集体智慧，挖掘各种有用的信息乃至形成思路。

头脑风暴写作模式在写作中的应用可以分为审题阶段、初稿阶段、修改阶段和讲评阶段四个阶段。

a. 审题阶段。教师提供一个作文题目，学生根据该作文题目进行审题立意时，可以采取头脑风暴法，意即像暴风骤雨一样给头脑以猛烈冲击，碰撞出思维的火花，选定并围绕一个主题，大家开怀畅谈，在较短时间内，自由地、尽可能多地提出自己的想法。教师要把学生谈到的主题一个不少地板书在黑板上。对所板书的内容，教师最好设计成一定的图形，为学生编制一张"脑海图"，以利于学生发挥想象力，促进思考。

b. 初稿阶段。完成审题后，要求学生用所学过的语言知识来构思，尽可能快地将他们脑海中的这张"脑海图"草拟成文。教师要对学生讲明这时可暂不考虑布局、语法等问题，而是先把自己的想法用英语记载下来；要求把黑板上板书的词都用上，不要遗漏任何信息；尽量用简单的句子把完整的意思表达出来。在第一遍草稿初步完成以后，再让学生重新考虑作文的布局谋篇、语法、拼写、标点符号等方面的问题。这时，教师要认真观察学生的写作活动，给他们一定的指导。

c. 修改阶段。修改应包括学生互相修改和作者本人的修改。在英语写作时，个人学习应该和同学间的互相帮助、交流、切磋相结合。教师可以把学生按座位的前后分为四人小组，让学生相互批改。教师也应参加这种现场修改活动，指导学生对作文的修改可以从结构是否合理、语句是否正确等方面着手。批改者在有疑问的地方做上记号，待互相讨论取得一致意见后再更正。对有争议的问题，可当场请教老师。互相批改以后，重新行文。最后，要求学生再默读几遍全文，琢磨一下是否符合要求，尽量做到准确无误。如发现错误，可做最后修改，誊写工整，交教师批阅。

d. 讲评阶段。教师在批阅过程中，应该认真记录习作中存在的带有普遍性和典型性的错误，为讲评课做材料准备。因为教师的批改固然重要，但讲评更重要。讲评首先应该涉及文章结构、思想内容，其次才涉及细节（包括语法、词汇、拼写等）。如果时间有限，讲评可以安排在下一课时。在课堂上对学生进行了这样的写作训练以后，还应使他们对英语写作过程内在化，要在他们的脑海中清晰地留下一幅图，如图 4-1 所示。

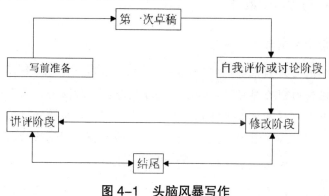

图 4-1 头脑风暴写作

以上这几个环节互相渗透、互相交叉、互相补充，任何一个过程都可能在另一个过程的进行中出现，并交叉发展，贯穿整个写作过程。头脑风暴写作模式对于学生课下的独立写作同样适用。只是写前准备这一步变为学生个人的材料收集，应要求学生尽可能详细地把可以想到的与主题有关的词汇画成一张"脑海图"。接下来的一步是用来自"脑海图"的完整材料写出第一次草稿。成文后，通观全文，调整全文的布局，确定增删的内容，纠正错误的拼写及标点符号的误用，完成第二稿。然后对第二稿进行校对，检查有无遗漏任何信息以及大小写等问题。最后，完成誊写，定稿。

头脑风暴写作模式提倡教师指导下的以学生为中心的学习，创设符合教学内容要求的情境和提示新旧知识之间的联系，利用学生的创造性思维能力，让所有的学生进行思维碰撞，构成有梯度的连续系列过程：任务—激活—交流—再现—重建—创造。注重激发学生的学习兴趣，帮助学生形成学习动机，重视写前的行为指导和行为矫正，能把写的行为与想的过程相配合，并把想的成果体现在纸上。这种关注过程的写作方法，有利于学生了解自己的写作过程，提高写作能力。另外，还提倡生生之间、师生之间的协作学习，通过讨论与交流，引导学生发现规律和加深对所学内容的理解，可以充分调动每个学生自主学习的积极性，从而进一步提高学生的自主学习的能力。

头脑风暴写作模式要求教师注意把握课堂气氛，安排好各阶段的时间，既不限制学生思维的发散，又不使课堂失去控制。学生熟练掌握了该模式的整个写作过程以后，教师要注意培养学生在短时间内掌握写作的技巧，尽量要求他们在 30 分钟内完成一篇短文。另外，教师要延迟评价，鼓励学生提出各种改进意见、各种想法，以此培养学生的创造思维和主体精神。

三、英语写作教学策略

（一）句子重组写作策略

句子重组的方式有很多，比如，让学生将打乱顺序的句子组成对话、组织成故事等。这种重组练习可以训练学生的序列逻辑思维能力。教学步骤如下：

①将完整的对话或故事等拆分成单个独立的句子，将顺序打乱。

②学生以两人或小组的方式将所给句子组成完整的对话或故事。

③各小组交换意见，对比自己所组的对话或故事。

④抽样检查。

该活动也可将句子分解成分句，使学生注意句子结构的逻辑性。

（二）平行写作策略

平行写作是一种模仿性写作。练习中首先为学生提供范文，然后给出写作提示。

（三）七巧写作策略

七巧写作是一种合作性很强的写作方式，通过将图画分解训练学生的合作性写作能力。具体操作如下：

①选择具有整体概念的一幅图，将图分成几个小部分，各小部分应有一定的信息，但不可太多，以便于学生发挥。

②将班内学生分成与图片的数目等量的小组。

③给每组同学一页图片，要求学生合作描述图片，并根据本组的图片猜测其他图片的内容，然后描写出来，各小组在活动过程中不能参阅对方图片。

④将各小组的描述合在一起组成一篇完整的"描述"。

⑤当学生完成书面的描述之后，口头描述图片。

⑥展示完整的图片，学生对照图片总结描述上的差距。

（四）流程卡写作策略

这是将口头交际练习转变为笔头交际的一种方式。具体操作如下：

①教师首先按图 4-2 所示的方式设计流程卡。

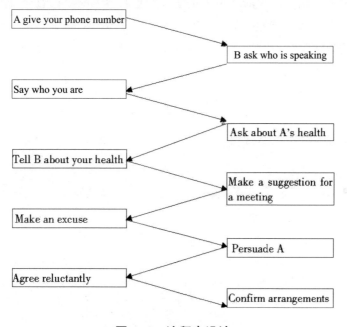

图 4-2　流程卡设计

②将学生两两分成一组，合作完成对话写作。

③各小组在班内表演自己所写的对话。

（五）图片缺省写作策略

该活动通过图片缺省的办法激发学生的想象力，从而有创造性地进行写作。图片序列缺省的方式很多，比如在四张图片为一个序列故事的教学中可有以下四种选择：

①展示第一和最后一幅图，缺省中间两幅。

②展示中间两幅，缺省第一和最后一幅。

③只展示最后一幅。

④只展示第一幅。

具体操作可采用如下程序：①将学生分成四人一组的小组；②展示序列图片；③各小组根据展示的图片想象缺省图片所包含的内容；④各小组根据预测讨论整篇文章的写作；⑤各小组同学独立完成写作任务；⑥同学于小组内互相检评。

在不同的教学阶段，针对不同的学生情况，所采用的写作教学模式也各不相同。这里所介绍的一些活动不一定适合所有的学生或所有的学习内容。要真正使教学富有成效，教师应根据学生的情况，遵循教学的原则和规律设计适合学生特点的教学策略。

第五章 英语互动课堂教学中自主学习能力的培养

在 21 世纪的今天，为了适应社会发展对高素质外语人才的需求，目前在我国英语教学领域，一种新的教学模式——英语互动教学正在被大力提倡和积极实践。英语互动教学旨在通过课堂多种形式的互动活动，提高学生学习的积极性和主动性，激发学生学习英语的兴趣，培养学生的群体意识、合作能力和综合素质。然而，实施效果真如它所预期的那样吗？本章节将具体谈一谈英语互动课堂教学中自主学习能力的培养，以提出英语互动教学中提高学生英语自主学习能力的方法，希望能够为相关教学活动提供可借鉴的价值。

第一节 互动教学理论概述

一、互动教学概述

（一）基本概念

互动教学是一种教学模式，即把教学看作一个动态发展的"教"与"学"统一的交互影响和交互活动的过程。在这个过程中，通过优化教学互动的方式，即通过调节师生关系及其相互作用，形成和谐的师生互动、生生互动、学习个体与教学中介的互动，强化人与环境的交互影响，以产生教学共振，提高教学效率的一种教学结构模式。

本书中所指的互动教学，即师生、生生等互相交流，共同探讨，互相促进的一种教学组织形式。

第一，师生互教互学，形成真正的学习共同体。师生的关系是平等的、民主的，整个教学过程是师生共同开发、探讨、丰富课程的过程。在互动中，学生发挥自己的个性和创造能力。

第二，师生间的交流信息内容十分丰富，涉及知识、技能、情感、态度、价值观等。通过这些交流，师生间能够相互沟通，相互影响，相互补充，教学过程也就成为学生发现问题、提出问题、解决问题的过程。

第三，师生共同参与，相互作用，能够创造性地实现教学目标。师生形成合力，促进学生的主动发展，提高课堂效率，达成教学的最优化。

（二）互动教学的意义

1. 发挥学生的主体性

在教师教学的过程中，学生应处于主体地位，因此互动式英语教学法是发挥学生主体性的最好教学模式。第一，互动式教学有利于提高学生听讲的积极性，刺激学生学习的主动性，让学生积极地去思考领会所学的知识，积极并认真地完成学习任务。比如，教师在讲授新的知识时，可以设立一个自由讨论的环节，让学生参与进来，并且让学生积极地讨论分析结果，着重强调学习重点，以便让学生更好地掌握。第二，学生通过这种多维的互动方式，可以更好地理解并掌握知识，从而更得心应手地应用知识。

2. 营造宽松、民主、和谐的课堂气氛

教师在对学生进行教学的过程当中，其课堂氛围不能太生硬、死板，应该着重营造放松、舒适且可以让学生积极主动交流的学习环境及氛围。基于此，教师应该注重与学生之间的交流，多与那些内向的学生沟通、交流，让内向的学生大胆地表达出自己内心的想法和观点。这样有利于教师和学生之间的交流和沟通。同时，还可以更好的增强学生的信心，让学生沟通能力、拓展思维能力得到提高，使互动教学的教学方法得到更好的贯彻。

二、互动教学的原则

（一）主体性原则

教师和学生分别是教与学的主体，教师要多发挥其主导性作用，启发学生，调动学生学习的积极性。擅长互动教学的教师都有一个共性，即性格开朗，富有亲和力或个人魅力。这种教师知道如何走进学生的心里，如何与学生交朋友，如何使学生接受自己的话，如何使学生的学习由被动变为主动，由消极怠慢变为积极活跃，想方设法使学生想时刻跟上教师的步伐，逐渐自主上进，学会做学习的小主人。具体对学生学习的影响主要有以下几点：第一，从以玩为先转变为以学为先；第二，从忙乱迎接上课转为讲究条理；第三，从眼散手懒转为善做笔记；第四，从鸭子听雷转为及时提问；第五，从单独学习转为学习互助。由此可以得知，在英语课堂之上互动教学应坚持主体性原则，进而有效加强学

生与教师的互动，提升教学质量与学习实效性。

（二）互动性原则

语言的功能就是交际与沟通，那些富有活力、亲和力强、与学生心理代沟较小、乐意倾听学生的心声、喜欢与学生互动的教师，在传授知识之前就已经在个人魅力上占了优势。再加上，其民主性、平等性的特点还会直接导致他们组织课堂互动的能力较强，能够与学生建立良好的师生关系。基于此，教师教学应坚持互动性原则，为自身教学创造良好的条件。例如，在教学实践中，教师可充分发挥电脑辅助教学，利用音频、视频等现代化教学手段，将初中生所需要掌握的知识生动、灵活地展示给他们，让他们去领会和思辨。或者，教师批改作业时，还可以留下个性化的评语，与学生互动，使学生意识到教师对其的关注，增进感情。

（三）多元创新性原则

互动教学模式倡导教学活动多样化，在教学过程中，对话、采访、游戏、比赛、讨论经常出现。教师需要转变教学方略，在教学过程中多设立一些问题情境，把学习内容融入其中，这会激励学生的学习渴望和探索倾向，让学生带着问题去学习、去探究，变被动学习为主动学习。同时，在评价学生的发言或回答时，能用幽默风趣的语言对答，让课堂气氛变得轻松活泼。

互动教学模式不仅可在课堂中实施，还能延伸到课外。比如，在布置作业方面多花一些心思，少布置传统默写类作业，多布置一些贴近学生生活实际的作业，如：记录自己周围的人和事，写下自己对事物的看法，或者改变教材上原有的枯燥的习题等。由此可知，课外互动教学可以给学生增添丰富的感性材料，拓宽学生的知识面，这样能使学生将已经学会的理论应用于实践，促进师生积极为课堂教学做好思想准备、知识准备，形成课堂知识互动的良性循环，弥补课堂教学的不足。长此以往，不仅培养了学生分析、解决问题的能力和动手操作能力，还加深了学生对知识的理解。而且，自主的活动，还能够不断满足学生心理发展的需要，使学生情感互动更充分。因此，互动教学坚持多元创新性原则，对学生的学习有重要帮助作用。

（四）全面性原则

在英语教育教学方面拥有丰富教学经验的夏谷鸣教师多次强调，互动的教学模式在英语课堂中有很重要的作用。他说："信息的走向应该是多维的：从教师到学生，从学生到教师，从学生到学生，从个体到群体，从群体到个体，从个体到个体，从群体到群体等。"对此，我们应该以教学活动和学生为中心，树立平等、自由、民主的师生观念，争取早日实现教师由训练者、领导者、考核者逐渐向合作者、参与者、激励者角色的转变。与此同时，我们还要积极主动地推进民主教学，主动提供支持性环境以使学生的创新素质得到充分的发展和提高，使学生变成学习的主人。

（五）教师主导性与学生主动性相结合原则

教师在教学中发挥着主导作用，不仅要传授知识，还应指导学生自学，用言语来教导，用行动来为学生做示范。在中国古代，部分教育家表明，教师在教学过程中居于极其重要的主导地位。在教学过程中，教师的教和学生的学是相互矛盾的。在这种矛盾中，教师教是主要的一方面，实现教学目的的关键是充分发挥教师的主导作用。因此，我们必须准确意识到，学习和发展的主体是学生，要坚持教师的主导地位和学生的主体相互融合的基本原则才能培养学生的创新性，增强学生的学习能力。

三、互动教学的模式

（一）教师与学生之间的互动

师生互动是最基本的互动，也是最常见的互动。常分为师个互动，即教师与单个学生互动；师组活动，即教师与小组之间的互动；师班活动，即教师面向全班进行互动。表现形式多为提问与回答，布置与展示，评价与反馈。师个互动的优点是随意性强、针对性强，缺点是教师有时会有倾向性，一节课将全班同学逐个提问的可能性较小，在个别同学身上花费的时间可能会比较多，导致耽误课时计划。师组互动的优点较多，因其调动的学生人数较多，可以实现 $2\sim4$ 人或多人为一单位进行对话、角色扮演、朗读课文、背诵课文，可调动学生积极性。同时，还可以促进生生互动，组内成员互帮互助，提高整体教学效率。师班互动的优点是面向全体学生，教师提问简单问题时，可统一提问，节省大量时间。在播放听力材料、领读课文、写作练习，以及讲解最基本的语法时，师班互动是最为常见的师生互动模式。其缺点是因为面向全体学生，教师容易忽视个体差异，导致部分学生滥竽充数，这就需要教师多加留意并予以批评指正。

（二）学生与学生之间的互动

生生互动与师生互动对比，生生互动是更受学生喜爱的互动模式。因为学生更喜爱与伙伴、同龄人互动。互动对象可以是同桌、前后桌，甚至是一个小组，有时还可以是自己喜欢的同学。在生生互动中，学生可以开展情景交际、短剧表演、辩论大赛等令他们感兴趣的活动，充分调动学习的积极性。与小组成员形成默契，有利于互相帮助对方学习与提高。生生互动最大的益处是，它能培养学生学习英语所需的四项技能：听、说、读、写。在准备过程材料时，学生们将英语学习从课上带到了课下，无形之中增加了学习英语与练习英语的时间与机会，可谓一举两得。

（三）学生与学习材料之间的互动

课本是教学必备，考试所需知识点基本全部包括在教材之中。除了教材，还有各种学习资料和练习资料。在学生自学环节中，学习资料和练习资料是最重要的学习媒介。教师和学生在使用各种学习材料的时候，都是在用已有的知识储备和经验与其互动，并进行练习、巩固，进而增加新的知识量。

综上所述，教师可以根据不同的学情、不同的课程，选择不同的互动教学模式进行教学。这几种教学模式还可以在固定的教学时间里同时被使用，具体操作要看实际需要，总之要以提高教学效率为基本前提。

四、实施互动教学的方法

（一）体现学生的主体性地位

在英语教学过程中，教师应激发学生自主学习的主动性，增强学生的交际能力，让学生积极地参与到各种课堂活动中。也就是说，希望学生在教学过程中能够积极主动地参与进来，发挥出自己的潜力。学生作为教学活动的主体，教材、教学、教师的存在都是为学生的"学"而服务的。对此，教师应激发学生的积极主动性，积极引导学生参与活动。

（二）制造互动的氛围

在英语课堂教学中，教师要依据需要的教学内容和教学目的，尽力营造出一种自由、民主、宽松的学习氛围。在教师讲授的过程当中，可以适当增加一些游戏活动，以此来使学生的学习活动更加浓厚，这样可以让学生大胆地说出自己内心的想法，敢于大胆地表达。与此同时，也可以增强教师和学生之间的交流和沟通，让学生和教师之间的交往、沟通更加和谐。

第二节　基于自主学习理念的多元互动教学的作用

笔者作为一名初中英语教师，经过多年的教学实践发现，多元互动教学的实施使学生自主学习的多个方面都得到了改善，即学习动机的激发，学习态度的转变，学习策略的应用，学习方式的改变等。因此，多元互动教学对初中生英语水平以及综合能力的提高效果显著，尤其是学生的自主学习能力。

一、激发学生的学习动机

实践证明，通过多元互动教学，学生对学习英语的原因和目的都有了崭新的认识。学习英语不再是仅仅为了期末考试或过级考试，而是为以后的工作生活做准备。学习英语与其说是考高分，还不如说是掌握一种交流的工具，与其说是掌握一种交流的工具，还不如说是一种文化的体验和一种能力的提升。

多元互动教学主要包括学生与学生、学生与教师、学生与教材、学生与多媒体等的互动，多元化的互动共同作用于教学的整个过程。这样的课堂氛围更为轻松愉悦，这样的教学内容更贴近学生的生活与实际，这样的教学任务更体现出个性化与整体性，这样的教学过程更富有活力，这样的学习更具有自主性、独立性与积极性，从而在一定程度上激发了学生的学习热情与学习兴趣，转外部动机为内部深层动机，使学生更愿意学更乐意学，为进一步的学习提供了原动力。对此，多元互动教学可激发学生的学习动机，激发学生的学习兴趣，调动学生的学习积极性。

二、培养学生的自主学习态度

首先，通过师生共同协商而制订出来的教学设计，既考虑到了教材和教学任务，同时又增添了学习者自身的一些元素。这样的教学设计更人性化、合理化、科学化、生活化。因此，在初中英语学习过程中，初中生对此更具有兴趣和热情，能调动学生的主观能动性和积极参与性。学生通过自己的努力和之后的合作学习能收到想要的学习效果，这样就将传统的学习任务下达完成自然地转化为了主动地参与完成。在完成任务之后，教师及时的反馈、奖励或表扬，又进一步刺激了学生的求知欲，并满足了学生的自我效能感。

其次，增强了学生学习英语的自信心。实践教学发现，很多学生在英语课堂中时常沉默，基本上害怕开口讲英语，焦虑感严重。那么，在多元互动教学下，学生在教师的帮助下取得成就，有利于增强学生的自信心，相信自己能做好，更愿意去尝试着说，去战胜自己的胆怯心理。

最后，随着兴趣的激发，成就感的满足，自信心的重拾，学生对待学习的态度更为主动积极，自主参与、自我负责。这样不仅有利于哑巴英语、考试英语等不良学习现象的改善，对于培养学生自主学习能力还能起到至关重要的作用。

三、提升学生的自主学习策略运用能力

众所周知，学习策略对于大多数学生来说并不陌生，他们都在有意识或无意识地使用不同的学习策略，只是收到的学习的效果有所不同。笔者总结个体交流和课间谈话得出，英语学习成绩较好和自主学习能力较强的学习者使用学习策略的频率明显较高，而且对学习策略的选择较为灵活或有一定的技巧性。

首先，多元互动教学增加了学生对英语元认知策略的使用次数。元认知策略主要是指学生自己对自己的学习负责，对自己的英语学习进行整体或详细的规划，以及对自己学习目标的制订，对学习方法的选择，对学习过程的监控，对学习结果的评估与反思等。然而，在多元互动教学过程中，学习目标的设定是建立在学生的需求分析和师生共同协商互动的基础之上的，学习计划的制订与课程教学要求和学生的具体学情密切相关，离不开师生共同的监控、管理、评估。

其次，多元互动教学培养了学生的英语认知策略。认知策略则更多地表现为英语学习过程中的具体操作方式与技巧。比如说，词汇教学策略教会学生如何通过上下文语境来猜测词义和根据词根、词缀来记忆单词，其实质就是学生与文本之间的互动、学生与以往认知结构之间的互动。

最后，多元互动教学有助于提升学生的社会情感策略。多元互动教学中的提问题、合作学习、移情、降低焦虑感、理智面对风险、检测情绪状况等，都属于社会情感策略的表现形式。师生、生生间的提问，生生间的合作完成任务，师生之间的相互理解、从他人的角度考虑问题，师生与文本间的文化差异理解，平等民主和谐的教学氛围，面对困难的积极对待、相互鼓励等多样的互动交流，都有利于提升学生对社会情感策略的掌握与应用。

第三节　初中英语教师组织课堂互动能力的形成阶段

随着社会的不断进步，社会各阶层对教师的专业素养及教学方法的改进提出了新的要求。无论什么学科，在课堂进行中都需要教师与学生的充分互动，才能够更进一步地培养学生的素质。在学校英语课堂中，学生已经具备一定的英语能力，教师需要与学生互动来培养学生的综合素质，也就是学生的"听、说、读、写"，让学生能够通过互动丰富自己的英语知识，增强英语能力，能够很好地运用英语。互动教学是一种非常有效的教学方式，既能活跃课堂气氛，又能够锻炼学生的语言交际能力，给学生提供了一个说英语的好机会。所以，互动教学是非常有必要的，也是未来英语课堂教学的必然趋势。接下来本小节将谈一谈初中英语教师组织课堂互动能力的形成阶段。

一、模仿学习阶段

初中英语教师组织课堂互动能力形成的初期，大部分教师会采取听课的方式去向有经验的教师学习互动方法，并在自己的课堂上加以使用；或者借鉴各种教学参考书上面设计的互动活动与方法，在课堂上实践；还可以在网络上观摩各地教师的公开课，取长补短，为己所用。基于此，作为一名初中英语教师，应当感谢学校提供的资源，感谢当今社会科技的发展，使得多种渠道可以充实自己、丰富自己，让自己不断学习、不断提高。

二、独立操作阶段

对于初中英语教师来说，仅仅看到别人如何教学，不亲身实践是不会成功的。俗话说："实验是检验真理的唯一标准。"通过各方面的学习，教师会跃跃欲试，把学到的各种互动方法应用到自己的教学当中去。当然，过程会有一些坎坷，不会全都像视频和书本描述的那么顺利。因为学情不同，很多方法和活动需要反复摸索、反复使用，甚至要经过时间的验证，才能得到最后的认可。因此，独立操作阶段对于初中英语教师课堂互动能力的形成，至关重要。

三、创造超越阶段

教师自身经过从实践到摸索再到实践的过程，反复操作、反复强化并总结经验后，就会选择适合自己，以及适合自己班级的互动方法，并会在一定基础上进行改良创新，这样才能更好地因材施教。由此可知，创造超越阶段是每个初中英语教师课堂组织互动能力形成的重要阶段，不容忽视。

四、教学互动阶段

在新课程背景下，教师能够转变教学策略，让问题成为师生互动的桥梁。同时，在评价学生的发言或回答时，能用幽默风趣的语言对答，让课堂气氛变得轻松活泼。基于此，在初中英语教学过程中，教师要从课本出发，扩散思维，多创设一些问题情境，把教材上的学习内容设置到有趣味或者有意义的问题情境中，并运用多媒体对学生进行采访和提问，这样会激发学生的学习兴趣、欲望和探究倾向，让学生带着问题和内心的假设去学习与发现，变被动学习为主动学习。

第四节　初中英语互动课堂教学实践调查

一、调查方法

对初中英语互动课堂教学的研究，笔者主要采用了问卷调查法、访谈法和课堂观察法。

第一，问卷调查法。对初中英语互动课堂教学的研究，主要以我市 500 名学生为调查对象，对学生的学习状态与教师的教学情况进行了问卷调查，以进一步分析出初中英语互动课堂教学中初中生自主学习能力的培养情况。

第二，访谈法。为了获得一手资料，笔者对我市 30 位初中英语教师进行了自由访谈调查。通过与教师深入交谈，笔录教师对问题的详细观点和看法。主要调查内容为：教师的教学理念、对互动式教学的了解、当前互动教学中存在的问题、影响课堂互动效果的因素等。

第三，课堂观察法。笔者在我市某初中进行了为期两周的听课和课堂观察，并收集了一手资料。

二、调查目的

对初中英语互动课堂教学的研究，从学生的学习状态、教师的教学情况、学习环境、互动的形式等方面，探究初中英语互动式教学中存在的问题，力求获得一手资料，以便对初中英语互动式课堂教学深入探究。

三、调查内容

（一）问卷调查内容

初中互动课堂教学调查问卷（学生）

亲爱的同学：

你们好！

为了深入了解我市初中互动课堂教学情况，笔者设计了一份不记名的问卷调查。你的意见将对我的研究写作有很大帮助，因此恳请你们在繁忙的学习中抽出时间来填写几个问题。调查是匿名进行，保证不会给你的生活与学习带来任何负面影响。请你们在填写每个问题之前，先看清每个问题的题目和内容，并根据事实情况在括号内勾选，谢谢你的合作。（请在适合你的选项上划"√"）

1.您对英语学习感兴趣的程度是？

A.非常感兴趣　　B.一般　　C.不感兴趣

2.在英语课堂中，教师组织同桌讨论或小组讨论活动的情况是？

A.经常　　B.有时　　C.从不

3.您参加课堂讨论活动的积极性如何？

A.很高　　B.一般　　C.不高

4.您不愿参加课堂活动的原因是？

A.缺乏兴趣　　B.不能清楚地表达

C.紧张　　　　D.不知道做些什么

5.您总感到您在教师心目中是个学习能力差的人，所以上课不敢正视教师。

A.是这样　　B.不清楚　　C.从不这样

6.在英语课堂上，教师提问的情况哪种最多？

A.只问一些简单的问题（比如：用"Yes"或"No"来回答）

B.经常问一些具有启发性的问题，学生可以充分发表对该问题的看法

C.基本上不怎么提问

7.您在课堂上主动提问的情况如何？

A.经常提问　　B.偶尔提问　　C.从不提问

8.您认为英语教师在课堂互动中的任务是？

A.训练学生的做题能力，应付考试

B.解决语言知识点

C.培养学生的英语运用能力

9. 您最喜欢的学习方式是？

A. 教师讲，学生听

B. 教师与学生以及学生与学生之间的沟通交流

C. 自主学习

10. 教师对您在课堂上积极表现的反馈是？

A. 经常表扬　　B. 有时候表扬　　C. 根本不关注

11. 在英语课堂讨论活动中，您的收获如何？

A. 学习效果好，掌握了知识难点和重点

B. 学习效果一般，只掌握了基础知识

C. 学习效果差，根本就没学到什么

12. 在学习过程中，您 ____ 感受到成功和兴奋。

A. 经常　　B. 较少　　C. 没有

13. 您觉得教师更关心您的_____

A. 考试成绩　　B. 日常学业

C. 我的全面成长，尤其是我的内心世界。

14. 教师十分关注我们的思想和感受，努力地创设情境，启发我们的思维。

A. 是这样　　B. 有时候这样　　C. 从不这样

15. 英语多媒体课堂教学的情况哪种最多？

A. 课堂小组讨论和同桌讨论的活动比较多

B. 师生间通过互问互答进行沟通交流

C. 课堂互动交流的活动很少

谢谢您的合作，祝同学成绩提升，生活开心！

（二）访谈内容

初中互动课堂访谈提纲（教师）

尊重的教师：

您好！

为了深入了解我市初中互动课堂教学情况，笔者设计了一份访谈提纲。您的意见将对我的研究写作有很大帮助，因此恳请您在百忙之中抽出时间来回答几个问题。此次访谈调查采用自由访谈形式，通过与教师深入交谈，记录教师对问题的详细观点和看法。

①您喜欢教师职业吗？

②您心目中的好学生是什么样的？

③您认为什么是英语互动式教学？

④在课堂上您经常和学生互动吗？采取什么方式来调动学生的学习积极性，培养学生的自主学习能力？

⑤根据您的实践教学，您认为影响英语互动式教学效果的因素是什么？在互动课堂教学中，怎样合理、科学地培养学生的自主学习能力？

四、调查结果及分析

（一）问卷调查结果分析

1.学生的学习状态

表5-1 学生的英语学习兴趣

非常感兴趣	一般	不感兴趣
25%	60%	15%

调查结果显示，学生的英语学习兴趣不是很浓厚，60%的学生对英语学习兴趣一般，只有25%的学生对英语学习有浓厚的兴趣，而15%的学生对英语学习不感兴趣。这说明英语互动教学模式并没有很好地发挥其优点，不能有效激发初中生的英语学习兴趣，难以培养学生的自主学习能力。

表5-2 学生参加课堂讨论活动的积极性

很高	一般	不高
14%	56%	30%

调查结果显示，学生参与课堂互动活动的积极性不是很高。高达56%的学生参与课堂讨论活动的积极性一般，30%的学生积极性不高，只有14%的学生积极性很高。对此，教师应及时反思学生课堂学习积极性一般的原因，以及如何提高学生学习的积极性，最大化培养学生的自主学习能力。

表5-3 学生不愿意参加课堂活动的原因

缺乏兴趣	讨论的话题较难	紧张	不知道做些什么
31%	40%	23%	6%

调查结果显示，如果学生不愿意参加课堂活动，其原因按百分比大小排列依次是讨论的话题较难、缺乏兴趣、紧张、不知道做些什么。40%的学生认为讨论的话题比较难，可能跟学生的语言水平和教师的教学设计有关，也可以看出学生有一定的畏难情绪。还有相当一部分学生对活动不感兴趣，另外一部分

学生在课堂上有紧张、焦虑感。可见，教师在设计课堂互动活动时，应该多考虑学生的学习水平、兴趣需求和心理因素，激发学生的参与兴趣，为自主能力培养创造良好的条件。

表5-4　学生的自信心

是这样	不清楚	从不这样
14%	40%	46%

对问题"您总感到您在教师心目中是个学习能力差的人，所以上课不敢正视教师"，调查结果显示，回答"从不这样"的学生占46%，回答"不清楚"的占40%，这表明部分学生是比较自信的，部分学生缺乏自我概念，可能从没考虑过这个问题。基于此，在这样的情况下，对学生自主学习能力的培养来说并不是一个好现象。

表5-5　学生主动提问的情况

经常提问	偶尔提问	从不提问
6%	43%	51%

调查结果显示，学生课堂学习的主动性不高。经常提问的学生只有6%，高达51%的学生从不提问，其余部分学生偶尔提问。这说明，学生学习比较被动，习惯于"教师讲—学生听"的传统教学模式，其主动性有待提高。对此，教师应该考虑如何使学生在课堂上积极地动起来，培养学生的自主学习能力，提高课堂教学效率。

表5-6　学生喜欢的学习方式

教师讲，学生听	师生沟通交流	自主学习
15%	79%	6%

调查结果显示，对于"最喜欢的学习方式"，高达79%的学生选择了"师生沟通交流"，另外15%的学生选择了"教师讲，学生听"，只有6%的学生选择了"自主学习"。这说明，大部分学生都有通过沟通交流学习语言的需求，教师应积极实践互动式教学法满足学生的需求，从而激发学生的学习兴趣，激发学习的积极性和主动性。

表5-7　学生课堂学习效果

效果很好	效果一般	效果差
9%	74%	17%

调查结果显示，互动课堂的学习效果总体上不太乐观，教学效果并不令人满意。大部分学生认为学习效果一般，只掌握了基础知识；17% 的学生认为学习效果差，根本就没学到什么；只有 9% 的学生认为学习效果很好，掌握了知识重点和难点。所以，教师应该反思教学中到底存在什么问题，原因是什么，如何有效解决这些问题，进而在英语教学中不断培养学生的自主学习能力。

表 5-8　学生的学习成就感

经常	较少	没有
17%	62%	21%

调查结果显示，学生在英语互动课堂中成就感不高。较少有成就感的学生高达 62%，未感受到英语学习的成功喜悦的占 21%。这就说明，在初中英语互动课堂中，教师应注意给学生提供更多的表现机会，让学生参与到互动交流活动中体验成功，以此激发学生学习英语的动机，调动学生学习的积极性。

总之，在初中英语互动课堂教学过程中，学生的学习状态并不乐观，学生学习的积极性和主动性都是一般或不高，学习兴趣也一般，学习效果不令人满意。基于此，教师应反思课堂互动教学效果不佳的原因，并在自身的教学中通过多元途径找到相应的改进办法。

2. 教师的教学情况

表 5-9　教师组织课堂教学讨论的频率

经常	有时	从不
4%	54%	42%

调查结果显示，教师在课堂上组织互动活动的频率并不高。54% 的学生认为有时组织课堂讨论活动，42% 的学生认为从不组织课堂讨论活动，只有 4% 的学生认为经常组织课堂讨论活动。基于此，作为一名初中英语教师，就应在实际教学中认清自身教学的不足，转变教学理念，有意识地开展课堂教学讨论活动，为学生自主学习能力的培养创造良好的条件。

表 5-10　教师课堂提问

只问一些简单的问题（比如：用"Yes"或"No"来回答）	经常问一些具有启发性的问题，学生可以充分发表对该问题的看法	基本上不怎么提问
53%	26%	21%

调查结果显示，教师的提问方法有待改进。高达53%的学生认为教师只问一些简单的问题，虽然简单问题能让学生回答出来，但简单问题的提问并不利于开发学生的思维，也无法吸引学生的注意力，更难以提高学生学习的积极性和主动性。对此，教师应经常问一些具有启发性的问题，最大化调动学生的参与积极性，培养学生的自主学习能力。

表 5-11　教师课堂反馈

经常表扬	有时表扬	根本不关注
3%	67%	30%

调查结果显示，教师只是有时表扬一下学生，时常忽视学生的积极表现，这极其不利于激发学生学习的动机和积极主动性。基于此，教师应该在课堂提问和反馈技巧方面不断学习，对于学生在课堂上的积极表现，教师要及时表扬、不吝表扬，激发学生的学习积极性。

表 5-12　教师课堂互动的目的

训练学生的做题能力，应付考试	解决语言知识点	培养学生的英语运用能力
40%	26%	34%

调查结果显示，教师组织课堂互动多是出于如何提高学生的学习成绩，应付考试。这个结果说明，教师仍然以考试作为"指挥棒"组织教学。基于此现状，在新课程背景下，教师应积极转变自身教学观念，端正教学态度，在教学中注重培养学生英语的运用能力，促进学生的全面发展。

表 5-13　教师对学生的关注点

考试成绩	日常学业	我的全面成长，尤其是我的内心世界
63%	25%	12%

调查结果显示，教师最关心的是学生的考试成绩，其次是日常学业，最后是学生的全面成长和内心世界。这巨大的反差，使我们不得不反思今天的教育教学价值取向。

表 5-14　教师努力创设情境，启发学生的思维

是这样	有时候这样	从不这样
18%	56%	26%

调查结果显示，教师并不经常从学生的思想和感受出发，创设情境，启发学生主动思考。对此，教师需要在教学方法方面进行改进，要以学生为中心，

关注学生的身心健康，注重情感和心灵教育的共同发展。

表5-15　教师使用多媒体的情况

课堂小组讨论和同桌讨论的活动比较多	师生间通过互问互答进行沟通交流	课堂互动交流的活动很少
7%	34%	59%

　　调查结果显示，多媒体教学使用不合理，高达59%的学生认为课堂互动交流的活动很少。这就可以说明，初中英语教学课堂多由多媒体牵着鼻子走，学生互动交流的机会很少，不利于增强学生学习的积极性和主动性。

　　综上可得，目前英语课堂教学一直采用教师宣讲、学生听课的方式进行。一整节课都是教师在讲，学生有没有理解，有什么疑问都难以了解。教师通过板书或领读的方式，告诉学生这个单词应该怎么读，应该怎么写，应该怎么用，使得学生被动地接受英语知识，只能理解其表面意思。长期下来，学生学习英语只是死记硬背，不能灵活运用。所以，英语课堂的教学方式亟待改进。总之，初中英语互动教学课堂还存在诸多问题，有教学观念方面的、互动交流教学方法方面的、教育评价方面的等等。这些因素都直接影响了课堂互动教学的效果。因此，教师需要改变观念，研究教学理论，增强教学能力，端正教育价值取向。

（二）访谈调查结果分析

　　为了解初中英语课堂背后教师们的看法，笔者访谈了30名英语教师，获得了第一手资料，并得出了以下结果。

　　第一，大部分英语教师都热爱教育事业，喜欢本职工作，有个别教师表示对本职工作谈不上喜欢，但也不讨厌。可见，英语教师们的职业态度还是比较端正的，这有利于教师在课堂上积极地实践互动式教学，培养学生的自主学习能力。

　　第二，对于您心目中的好学生是什么样的这个问题，各位教师的回答不尽相同，但基本上可以分为两大类。年龄偏大的教师，最看重学生的学习方面，认为首先要学习态度端正，课堂上认真听讲，课堂表现积极，学习成绩好；其次，不捣乱，对教师和同学有礼貌。年轻教师则认为聪明懂事、有礼貌，课堂表现积极主动，有一定的特长和爱好的学生就是好学生。可以看出，年龄偏大的教师对于学生的评价更倾向于分数和受传统的观念的影响。他们应该反思一下自己的教育理念和评价标准是不是已经跟不上时代的发展了，是否因为自身的教学观念忽视了对学生自主学习能力的培养。

第三，对于什么是英语互动式教学这个问题，各位教师也有自己不同的看法。从教师的回答可以看出，大多数教师对英语互动教学理论比较了解，有少部分教师对英语互动式教学缺乏了解，比如，简单地认为英语互动式教学就是突破传统教学，在课堂上创设情境，激发学生的求知欲，收到较好的学习效果。不难看出，这样的认知在一定程度上忽视了互动式教学其他方面的特点和目的。基于此，这些教师需要加强理论学习和教学实践，真正理解英语互动式教学的本质。

第四，对于在课堂上是否经常与学生互动，采取什么方式来调动学生的学习积极性，培养学生的自主学习能力的问题，多数教师都表示经常和学生互动，但问到采用什么互动方式，他们坦言经常使用提问方式，但学生回答问题并不积极，学习好的学生表现还可以，学习差的学生很少或根本就不发言。课堂讨论活动有时候组织一下，主要目的是活跃课堂气氛，提高学生学习的积极性和主动性，激发学生的学习兴趣，但效果不佳，费时费力，多流于形式。

第五，对于您认为影响英语互动式教学效果的因素是什么，在互动课堂教学中，怎样合理、科学地培养学生的自主学习能力的问题，教师们从不同方面做出回答。他们认为影响课堂互动教学效果的因素有：学生参与课堂的积极性和主动性不高；英语学习兴趣一般；教师受传统教学方式的影响，思想观念和知识陈旧，以教材、教案为本的现象突出，忽视了学生在课堂上的主体地位；师生关系不够融洽，师生间缺少沟通；班级人数多，课堂不好掌控；教材难易程度不符合学生的实际水平；教学设备差；学生用于英语学习的时间少等。

合理、科学地培养学生的自主学习能力的途径：加强教师培训，更新思想观念，树立人本主义教育观；认真学习教学理论，大胆实践，培养学生英语学习的自主性；营造宽松、友好、融洽的学习气氛，体现学生的主体地位；创设情境，激发学生的求知欲和学习兴趣；有的问题可以让学生自己解决，培养学生的自学能力；选择符合学生实际的教材等。

（三）课堂观察案例分析

1. 教学内容

初中英语必修 5 Unit 2 *The United Kingdom* 中的 Warming up and reading 部分。

2. 教学目标

第一，学生能够熟悉英国的地理位置、气候环境、人口、风土习俗等；

第二，学生能够用英语流利地谈论英国；

第三，激发学生对"英国"话题的兴趣，为下节阅读课教学做好准备。

3. 实施过程

这是一个不成功的初中英语互动式教学案例，来自笔者的课堂观察记录。

上课开始，教师以提问的形式导入本课主题"The UK"。教师提问全班："What do you know about the UK？"全班学生都很沉默，没有一个主动举手发言。教师显得有些尴尬，说："It seems you know a little thing about the UK. Now let me tell you something about it."然后，教师就给大家详细介绍了英国的地理位置、气候环境、人口、风土习俗等。大家对英国的基本概况已有所了解，教师就让四人组成一个小组，开始讨论本单元话题"What do you know about the UK？"，并完成书上的有关英国概况的五道单项选择题。学生四人一组，开始了讨论。但课堂气氛并不活跃，有的学生并没有参与到讨论中，而是自己在看书，有的则在闲聊与课堂无关的话题。教师在教室里对个别组的讨论进行了指导，十分钟左右，课堂讨论匆匆结束。教师让几个小组的代表发表了自己的观点，并核对了选择题的正误，表扬了答对的小组。Warming up 这一部分到此结束，reading 部分紧接着进行。整整一堂课就这样，在沉闷无序的气氛中结束。课堂效果如何呢？答案是不言而喻的。不难看出，课堂存在的问题是很多的。

具体有以下几方面问题：

（1）课前准备不充分

教师和学生都没有在课前做好充分的准备。从教师层面进行分析，教师没有仔细分析学生的知识水平、心理需求、兴趣点。从学生层面进行分析，学生没有预习课文，没有提前搜集有关英国的基本概况的资料，对英国的基本概况了解很少，导致课堂上很被动，讨论活动中也不知该说些什么。

（2）课堂导入方式失效

课堂导入是初中英语互动教学的一个重要环节，其目的在于激发学生英语学习的兴趣，调动其学习的积极性和主动性。然而，在本节课中，教师以提问方式开始新课，提问后并没有鼓励学生大胆发言，表达自己的见解，而是自问自答，学生在课堂上的主体地位受到限制。因此，无法有效激发学生学习的热情。其实，在这个环节，教师要给学生大胆表现的机会，让学生多说，激发他们学习的积极性和主动性。

（3）课堂缺少学生自主学习环节

初中英语互动式教学虽然强调课堂上教学双方积极地互动交流，但并不意味着忽视学生自主学习环节。自主学习环节是英语课堂互动活动的必要准备，从某种意义上来讲，课堂自主学习也是一种课堂互动，它是学生主观情感和学习材料中物化情感相互感应、相互交流的过程。因此，在英语互动课堂上，缺少自主学习环节，不利于培养学生的自主学习能力。

（4）课堂总结评价方式过于简单

在本节课中，教师对答对问题的小组只做了简单的口头表扬，没有进行记录或小组评比。表扬也只是针对语言知识，忽视了激励学生在课堂中的积极表现行为、交际能力、合作能力等。在这样的情况下，教师很难调动学生的学习积极性，更不利于学生的自主学习能力的培养。

第五节　影响初中英语互动教学模式的因素

一、内部因素

（一）教师课前的备课情况

新课程理念提倡教师要把课堂还给学生，让学生在英语课上多说多练，这就要求教师熟悉教材，有整合教材的能力，优化课堂结构，以便设计课堂流程。如果对教材和重点不熟，势必会影响课堂教学与活动的展开，更会在互动过程中，影响活动的设计与深度。但是，教师在指导学生学习教材所提供的知识的同时，不能忽略的问题是，教材可不是知识的全部。作为教师，我们应该意识到，教材仅仅是教学资源之一，我们可以利用教材，但不能视教材为圣经。也就是说，要"用教材教"，而不是"教教材"。有人说，教师自身的认识水平能达到怎样的高度，才能引领学生的思想登上怎样的高度。对此，我们应该依据自身的实践与研究，学会自主或群体去探讨教材课程内容，钻研教学方法，教出自己的所学，讲出自己的高度。这就可以得知，影响初中英语互动教学模式的因素之一就是教师课前的备课情况，须引起教师的重视。

（二）教师课上的情绪状态

教学，分为教与学，是一个输出和输入的过程，没有交流与沟通便难以完成。英语本来就是一门语言，交流和沟通更是必不可少。师生之间是有情感联系的，师生关系融洽的课堂往往学生成绩都比较理想，所以在课堂上教师的情绪状态对课堂教学以及互动起着不可忽视的作用。据观察，当教师以轻松自然的面貌或者面带微笑走进班级时，学生整节课的活跃度都很高，面对教师的互动教学，能给予非常好的回应；相反，如果英语教师板着脸、一脸寒霜地走进教室，在课堂上对学生进行语言上的挖苦讽刺或者过度批评，那么学生可能整节课都会处于紧张焦虑的状态，面对教师的互动，多数可能会逃避退缩。由此可知，影响初中英语互动教学模式的因素之一就是教师课上的情绪状态。基于此，在新课改的背景下，英语教师应该响应新课改的号召，接纳自己的新角色，尊重学生，做学生的引导者、合作者，甚至朋友、伙伴，进而激发学生的学习兴趣，调动学生的学习积极性，提高课堂教学效率。

（三）教师自身对互动的认识

新课程改革明确提出："教师是改革成功的关键。"由此足以看出教师地位的重要，责任的重大。同时，新课程改革给予了教师新的角色定位，即由管理者变为组织者，由传授者变为参与者，由控制者变为帮助者，由主导者变为引导者。不得不承认，在如今的英语教学中，还存在一部分教师坚持"填鸭式"的教学模式，互动在其教学中顶多只是口头提问而已。面对教材课件中出现的游戏环节，一概略过，在课堂之中基本找不到什么互动的痕迹。如果连基本的互动意识都没有，更别谈互动能力了。由此可知，影响初中英语互动教学模式的因素之一就是教师自身对互动的认识。对此，作为新时代背景下的初中英语教师，我们要清楚自己不仅不是个说书人，更不是旁观者。在教学过程中，我们要促进、支持、引导学生学习与活动，让课堂活起来，让学生的大脑活起来。因此，在英语教学过程中，教师应要有互动意识，积极与学生互动，激发学生的求知欲望，为学生学习创造良好的条件。

（四）教师的教学方法和思路

影响学校英语课堂教学互动的因素非常多，首要的就是学校教师课堂教学的方法和教学思路，这对学校英语课堂互动教学的影响非常大。学校英语教师的英语水平通常都比较高，但其教学效果差距却非常大。很多学校的英语教师在教学过程中不注意更新自己的英语知识，教学方法老套陈旧，不能根据社会环境和学生需求进行教学，从而使得课堂授课效果非常差，甚至有近半的学生逃课，教学难以进行。所以，学校教师在进行英语教学时，应及时更新教学观念，改革教学方式，与学生沟通交流，寻找最适合学生学习的教学方式进行英语教学。

二、外部因素

（一）学校因素

作为校方，要能够宏观调控学校的各学科教学模式，合理制订、实施、调整教师成长计划，为教师的专业化发展提供制度上的保证。在实际教学过程中，学校若是要求教师根据固有模式授课，短期来看可以收到一定的教学效果，可以使学生之间拉近层次距离，有利于教师之间的备课、教授和比对。然而，这并不是长久之计。学校强制性的要求，会扼杀教师授课方式的灵活性与创新性，要想使教学活力长存，这显然是行不通的。由此可知，影响初中英语互动教学模式的因素之一就是学校因素。

因此，学校应重视并尊重教师自身秉性特点的发挥，以促进不同教师形成自身特有的教学风格与特色。在学校的支持、帮助和培养之下，英语教师队伍自然形成一个具有内在凝聚力的团队，教师在团队中可以自行决定研究内容、互相交流、质疑、讨论和评价，最终实行示范教学。在学校环境中，这种团队互助一方面可以提高学校的教育教学、集体教学的质量，另一方面能最大限度地满足每个教师的专业发展需要，增强教师个体的专业能力，促进教学方法的改革。

（二）学生因素

众所周知，教师教学不能脱离学生的学习。然而，让一位教师去适应与顾及班级里几十名学生是很不现实的。由于我国国情，大多学校的课堂都是大班教学模式，面对数量众多的学生，课堂教学活动中教师与学生"脱轨"的现象时有发生。从根本上讲，教学过程是一种特殊的知识领会过程，它是教师的教授过程和学生的学习过程的统一体，教师和学生分别是教授过程和学习过程的主体。那么，在英语教学过程中，如果学生能积极发挥主体能动作用，那就会给教学带来非常有利的影响。

调查研究表明，一部分初中生在学习英语时，有非常严重的焦虑心理，不能很好地学习英语知识，甚至抵触学习英语。这种心理源自对英语的不了解，他们认为英语是一门很难的学科，学不会，也不会学。虽然英语与汉语的确有非常大的区别，但是如果找到适当的学习方法，那么学习英语是一件非常简单的事。同时，学生的心理问题也是受教师教学方式影响的。教师单纯地讲授英语知识对于一直说汉语的学生来说是非常难理解的，学生难以体会到英语的内涵，从而产生抵触心理，不愿意学习英语，也不愿意说英语。沉闷的课堂教学让学生的心理焦虑越来越严重，如此循环，英语教学质量难以保证。所以，学校教师在英语课堂上，应该最大限度地活跃英语学习氛围，与学生及时沟通，采用互动式教学，丰富课堂内容，激发学生的英语学习兴趣。

因此，作为教师，我们要了解学生，关注学生，根据学生的学习基础、兴趣爱好、发展水平、身心特点、个性差异等，去调整自己的教学方法与策略。每个学生都是独立的个体，都有属于自己的学习风格，所期待的教学方式不同，因为他们的理解能力不同，学习潜能不同。当我们面对讲台下的几十名学生时，他们的个性会消失不见，学生的学习会逐渐体现出一定的总体特点。虽然学生都各有各的学习个性，但在群体之中，在潜移默化之下，学生却能逐渐形成相近的学习特性。正是抓住了这个规律和特点，才有利于我们研究学生的学习，在教师的互动下，学生的积极性一旦被调动起来，也会燃起教师的热情，达到教学良性循环，课堂高效化。

（三）家庭因素

父母是孩子的第一任教师，在孩子的成长中扮演着至关重要的角色。家庭是孩子成长的重要环境，家长教育与培养孩子的方式、方法潜移默化地影响着孩子的人生态度、学习态度。父母的关怀、态度，还有行为规范，对学生的学习主体性起到决定性的作用。良好的家庭氛围，比如在民主型的家庭教育方式中，子女能更好地理解他人、关心爱护他人，能学会聆听，与他人产生共鸣，因为子女可以得到来自父母的关爱、尊重与接纳。这些良好的心理品质，能培养学生树立主体性，使学生在人际交往中主动构建与他人之间的关系。民主型家庭教育方式传递的正面信息比较多，交流沟通也更具有条理性，这样的引导使孩子意识到自己是学习活动的承担者与主人，能够自觉支配、控制和调节自身的学习，对孩子的自觉性、能动性和创造性都有着积极的影响。相反，专制型、娇惯型、忽视型等教育方式会对孩子的学习主体性产生消极的影响。这几类家庭的教育方式使孩子难以建立良好的学习愿景，在主动调节与支配自身学习活动方面会有欠缺，对自己的学习缺乏自信心与责任感。由此可知，影响初中英语互动教学模式的因素之一就是家庭因素，教师应积极与学生家长进行交流沟通，了解学生家长的情况，试图转变家长的思想，帮助学生健康成长。

第六节　初中英语互动教学模式的构建及案例分析

一、初中英语互动教学模式的构建

随着世界经济的加快，全球一体化趋势越来越明显，英语逐渐成为全球通用语言，所以英语教学越来越受到人们的关注。怎样提高英语教学质量，通过怎样的方式更好地增强学生的英语学习能力，是教育界关注的重点。在我国学校英语教育中，英语课堂教育是主要方式，教师通过课堂教授学生英语知识。这种教育方式的弊端非常明显，教师所讲的内容学生可能难以理解，所以学校英语课堂教学必须改变方式，互动教学应运而生。在学校英语教授课堂中，教师与学生积极互动，既锻炼了学生的英语表达能力，也提高了教学质量，是一个非常好的教学方式。

（一）明确教学目标

新《初中英语课程标准》指出，初中英语课程的总目标："使学生在义务教育阶段英语学习的基础上，根据初中生认知能力发展的特点和学业发展的需求，在进一步发展学生综合语言运用能力的基础上，着重提高学生用英语获取信息、处理信息、分析问题和解决问题的能力，特别注重提高学生用英语进行思维和表达的能力，形成跨文化交际的意识和基本的跨文化交际能力，进一步拓宽国际视野，增强爱国主义精神和民族使命感，形成健全的情感、态度、价值观，为未来发展和终身学习奠定良好的基础。"

基于此，教学过程就其本质而言，是使学生获得全面发展的过程。教学不仅要传授学生知识、培养学生能力，还要影响学生的人生观、世界观，使之形成健康的人格和良好的道德品质；教学还要提高学生的身体素质，增强体质；还要培养学生的审美能力、自主学习能力和创新能力，以适应现代化社会的发展。所以，人本主义视角下的初中英语互动式教学目标应致力于学生的全面发展。

从布鲁姆教育目标分类学，并结合国家教育目的、初中英语课程标准以及初中生的生理、心理特点、认知发展规律来看，初中英语互动式教学的目标大致包括以下三方面：

1.认知目标

初中英语互动课堂认知目标：学生能熟读熟记、灵活运用每一单元的单词、短语、典型句型；能理解并灵活运用语法知识造句，简单交流；能整体理解课文大意、分析课文结构，能复述课文内容，能用自己的话语概括文章的主题思想，并对某些观点加以评论；了解西方国家的文化传统、生活习惯、思维方式、语言心理、价值观念等。

对此，在以人为本的初中互动英语课堂中，教师的教和学生的学的积极性和主观能动性被充分调动起来，教师通过设置语言情境、提问、启发诱导等多种教学艺术，使学生积极主动地参与教学活动，学生积极思考、大胆提问、互动交流，在积极有序的教学氛围中深入理解并学会运用语言知识，并使学生养成良好的学习习惯。

2. 情意目标

初中英语互动课堂情意目标：学生在课堂中能受到尊重、关心、表扬、鼓励和肯定；有大量用英语进行交流实践的机会；英语学习兴趣被激发和增强，参与课堂活动的积极性和主动性被充分调动起来；树立起人人平等、协同合作的观念，交往、合作、竞争、跨文化交际意识被培养和增强。

激发和培养初中生的英语学习兴趣，以及建立友好融洽的师生关系，是互动教学的一个重要目标，也是教学取得良好效果的先决条件。对此，教师应在互动教学中注重学生的主体地位，让学生参与到教学中，最大化地激发学生的学习兴趣，并使得师生、生生之间的关系趋于融洽。

3. 能力目标

初中英语互动课堂能力目标：学生能够运用英语进行得体的口头交际；具有一定的英语语感；能快速阅读并理解难易适中的阅读材料；能够运用英语独立完成写作任务，语句通顺，语法正确，表达合理，内容充实；通过听、说、读、写、译的综合训练，学生的听力、口语、阅读、写作能力得到提高，具备一定的语言综合能力；学生的自主学习能力、思维能力、创新能力、合作能力、跨文化交际能力得到培养和提高。

其中，自主学习能力指学习者所具备的一种独立学习、主动学习的心理品质，对学生的学习至关重要。基于此，教师应在认知目标和情意目标的基础之上，通过丰富多彩的语言实践活动培养学生的自主学习能力，促进学生的学习进步与发展。

（二）实施步骤

充分考虑初中生的生理、心理特点，以及认知发展规律，并结合英语互动教学模式的特点和教学目标，初中英语互动式教学可以按照以下步骤在课堂上实施。

1. 教师导学

（1）导入

导入是启动初中英语课堂的第一步，也是最为关键的一步，旨在让学生熟悉与本课主题相关的背景知识，为学习新课提供丰富的感性材料；激发学生英语学习的兴趣和主观能动性，为整个课堂营造积极主动的氛围，为下一步学习做好准备。在课堂导入时，教师要注重运用灵活多样的教学手段与学生互动交流，激发学生学习的动机，满足他们的需求。比如，教师可以讲故事，可以提问，也可以展示美丽的图片来吸引学生的注意力。或者，让学生汇报课前预习作业，导入本课的主题。

（2）展示新课目标

英语教师可以以口头或书面形式提出本节课的目标，包括认知目标、情意目标和能力目标。目标的陈述应该简明扼要，着眼于学生的学习行为和学习结果。

（3）明确学习任务和学习方法

教师要明确告诉学生他们下一步该做什么，怎么做；揭示新课的学习重点和难点，并给予学习方法、思路上的点拨，为学生学习排除障碍。

2. 学生自学

学生自学是英语互动课堂必不可少的一个环节，好奇、探索、求知欲强、自我发现是初中生的心理特点，自学能满足学生的心理需求，有利于发挥学生的主观能动性，体现学生的主体地位。而且，在自学过程中，学生与文本进行深层次的沟通、交流和互动，能够碰撞出思想的火花。因此，自学能很好地培养学生的独立思考能力和逻辑推理能力，为下一步学习奠定认知基础，铺垫心理氛围。学生根据教师的提示导学，学习新的语法知识；阅读课文，理解重点内容，攻克疑难问题；做课后的练习题，复习与新课知识有关的旧知识，找出新旧知识的结合点，以便实现学习迁移。基于此，学生自学可采用阅读思考、自我质疑、自查自练、自我归纳等方式进行。

这个环节最能体现学生的主体地位，因为它完全打破了传统的以教师、教材为中心的课堂教学理念，充分发挥了学生学习的主动性。在自学过程中，学生是一个发现者、研究者、探索者，教师是学生学习的顾问、指导者和帮助者。教师对学生个别指导，实行个别互动。

3. 组织课堂互动活动

英语是一种交际工具，英语交际能力的获得需要通过课堂丰富多彩的语言交际活动来实现。比如，师生互问互答的操练活动、同桌互动活动、小组讨论交流活动、小组合作学习等。其中，小组活动是英语互动课堂的主要组织形式，能够进一步培养学生的自主学习能力。基于此，我们在这里就介绍一下如何实施小组活动。

采取"同组异质，异组同质"的分组原则，每个小组人数 4-6 人比较合适，由不同层次的学生组成，每组设组长、记录员各一名。

活动步骤：

第一，小组讨论。首先，由教师或学生提出所要讨论的话题，各小组开始互相交流和质疑，记录员记录整理好本小组的主要观点，以便为后续交流做好准备。

第二，组织交流。组织交流是课堂互动的关键环节，是培养学生英语交际能力的重要途径。组织交流的形式包括：组织研讨、组织互查和组织竞赛。

组织研讨：先让讨论比较成熟的小组向全班汇报其英语学习或讨论结果，由教师或其他小组做出评价、质疑、辩论、补充或纠正。接着，其他小组汇报其学习或讨论结果，按同样的方式交流互动。

组织互查：各小组之间互相检查预习效果、学习任务完成情况，可以采取互问互答、互相批改作业的方式进行。

组织竞赛：由英语教师提出问题，各小组抢答或按顺序回答。期间，对于答错或回答不完整的题目，同组成员或其他小组成员可以纠正或补充。教师根据各小组答题速度和质量评分，并适时给予鼓励。

在组织英语课堂互动活动时，教师要扮演好组织者、管理者、激励者和咨询者的角色，要时刻观察学生的学习状态。比如，学习的积极性、主动性、注意力、情绪、课堂行为表现，多关注每个小组的讨论情况，给予及时的点拨和引导，适时调整课堂教学方式，满足学生的心理需求，从而使生生之间的互动交流更加有效深入。

4. 总结评价

总结评价是对初中英语课堂教学的升华和教学目标的深化，是学生巩固知识、进行补救学习的关键环节。课堂互动活动完成后，教师要用测试性评价（小测验）和非测试性评价（课堂表现记录表）及时对课堂学习效果和学生们的课堂表现做出合理的评价，表扬活动中表现好的学生，并通过多种形式，对知识进行总结归纳，如：列提纲、口述、播放幻灯片等，对学生的疑难点给予详细解答，使学生的情感发展和认知发展协调统一。

（三）实现条件

有效的初中英语互动课堂教学，要充分考虑影响课堂教学有效互动的各个因素：教师、学生、教学内容、教学手段和教学环境，并对这些因素提出一定的要求。最关键的是，初中英语课堂教学始终要体现"以人为本"的精神，要充分调动学生参与课堂学习的积极性和主动性，使师生、生生在交流互动中彻底"动"起来，达到高效沟通交流，并起到培养学生的自主学习能力的作用，进而实现高效教学。

1. 教师

"以人为本"的初中互动课堂教学，要求教师必须具备良好的素质。首先，教师要有良好的职业道德和人格魅力，比如：敬业乐教，甘于奉献，热爱学生，严于律己，乐观开朗，富有耐心等；不但要具有关于所教学科的丰富知识，还要具有丰富的教育理论知识和课外知识，并且能灵活使用各种不同的教学方法；教师必须有积极的自我观念，并相信学生的学习和自我发展；教师对学生、对教师群体都必须有极敏锐的情感，注重建立高度融洽的师生关系。

由此可知，师生关系不但能促进学生深入地学习，也是教师有效教学的重要特征。良好的师生关系本身就是最好的教学方法，因为师生关系相互增强，师生行为也相互影响。教师在英语互动教学中是学生学习的启发者、合作者、指导者、咨询者、组织者，可以说在"以人为本"的英语互动课堂中，教师在课堂中的主导作用不容忽视。

2. 学生

充分重视学生在课堂中的主体地位，是互动教学有效实施的关键，也是培养学生自主学习能力的核心。我们从人本主义的学生观出发，认为在互动英语课堂中，学生首先应该是一个个有个性的生命个体，具有作为人的各方面需求：生理的、心理的、求知的、渴望成功的、审美的等等；每个学生都具有自己独特的感情和个性特征，英语互动课堂应该关注学生的情感和个性发展，因材施教，而不是统一划分；要求学生具有学习的主动性和较强的学习动机；学生明确学习任务，知道该做什么，以及怎么做；学生在课前做了充分的预习，具备了学习新课所需的基础知识。对此，只有在这样的情况下，才能够为培养学生自主学习能力打下坚实的基础。

3. 教学内容

首先，教学内容的选择要满足学生的需要。人本主义教育强调学生的需要、愿望、兴趣与学习材料的关系，认为学习与一个人的生活、实践息息相关，学习的内容、材料是学生所关心的，就能够打动学生的感情，推动学生去学习。因此，初中英语互动课堂的教学内容应该选择学生喜欢的、感兴趣的，符合学生认知水平的，对学生生活、身心健康有益的教学内容，并按科学的规律组织。只有在这样的情况下，教师才能够激发学生的学习动机，促进其主动学习，积极思考，从而取得良好的教学效果。其次，教学内容的安排要与初中生的认知特点和身心发展规律相一致。最后，教学内容应该丰富多彩。教师可以根据需要将历史、地理、音乐、文化、科技等学科知识融入自己的教学中，实现学科之间的相互渗透，调动学生的学习积极性，从而提升学生的自主学习能力及教学效果。

4. 教学手段

心理学研究表明，新颖的、变化的事物往往能吸引学生的注意力，从而引发学生的好奇心和学习兴趣。初中生处于身心发展最旺盛的时期，他们的好奇心和求知欲特别强，教师在互动教学中使用多样化、新颖的教学手段，往往能够吸引学生的注意力，进而激发其学习兴趣。例如，教师可以将现代教学手段和传统教学手段相结合，根据实际条件和教学内容、教学目标、学生的兴趣特点等因素综合考虑。另外，英语课堂互动活动的方式也应该是多样化的，可以进行师生互动、生生互动、人与学习材料之间的互动等。由此可知，要想进一步提升学生的自主学习能力，初中英语互动课堂教学的手段应朝着新颖、多样化方向发展。

5. 教学环境

人本主义教学观强调在教学中要营造一种安全、友好、积极、有序、情感化的教学氛围。这样的课堂氛围才有利于学习，也正是英语互动课堂所要求的。首先，教师要善于利用不同的教学手段教不同的课，甚至同样的知识内容也可以变换不同的讲解方式；其次，教师在课堂中要多表扬、多鼓励、少批评学生，充分尊重学生，使他们树立起学习英语的信心；其次，教师要善于创设问题情境，引发学生积极思考，主动学习，全身心地投入英语学习情境中；最后，应该建立起一种平等、友好、理解、信任的新型师生关系，使学生在课堂中有安全感、信任感和愉悦感。

（四）完善教学评价

初中英语互动课堂的教学评价，应致力于实现促进学生全面发展的教学目标。因此，初中英语教学评价应遵循以下原则：

1. 评价内容多方面

评价内容不应该只针对学生的学习结果和考试成绩，还应该包括：学习态度、学习策略、组内互助、课堂表现、实践能力。

第一，学习态度，指学生对学习是否有正确的认识，是否积极、主动、勤奋，善于思考，善于表达自己的见解；

第二，组内互助，指学生在小组合作学习中是否积极地参与交流互动，发挥群体的积极功能，使教学任务顺利完成；

第三，课堂表现，指学生参与课堂学习、活动是否积极主动，从而有所收获；

第四，实践能力，包括自主学习能力、创新能力、合作能力、跨文化交际能力等。

2. 评价方法多样化

第一，量化的教学评价与质化的教学评价相结合。量化的教学评价可以采用小测验、课堂表现评分等手段，质化的教学评价可以采用课堂观察评价和档案袋评价等手段。

第二，语言评价、文字描述、分值制、等级制等多种方式相结合。多样的评价要求教师以学生自身的实际特点为基础，根据学生的英语知识掌握情况做出中肯的评价。

对于课堂上的即时提问，教师主要采取语言评价的方式。评价语言因人而异。对于基础差的学生，评价语言应该以鼓励为主，把简单的问题留给他们，鼓励其参与教学过程。而对于那些思维敏捷的学生，应尽量提一些稍微有难度的问题，让学生满怀信心、积极主动地投入学习活动中去。

文字描述特别适合那些自觉性不太好的学生，当众批评他们，会使其自尊心受到伤害，从而产生一种逆反心理，对学习很不利。采用作业或小测试的批语形式，委婉地指出他们的不足，则能让那些学生体会到教师的关心、关爱，从而树立起学习的信心。

分值制、等级制则适用于汇总小组合作学习的阶段成果。小组合作学习以小组的总体成绩作为评价和奖励的依据，能够激发小组成员的集体荣誉感。它改变了传统教学中以个人成绩为标准的评价方式和学生之间的竞争交往关系，促进了学生之间的协作与互助，使学生更快更好地发展。

3. 评价主体多元化

初中英语互动课堂教学评价的主体不能只局限于教师，学生也应该成为评价主体之一，从而改变学生被动接受评判的状况。另外，家长也可以成为评价的主体，虽然家长无法参与到课堂中，但是家长可以对学习结果（测试结果和作业完成）做出评价。这里面学生评价的内容应该包括：

第一，对教师教学基本功和教学艺术的评价，包括：板书是否工整漂亮，条理清楚；语言是否文明得体；是否关心学生，有责任心、有耐心、有爱心；是否重视启发引导；是否课堂气氛活跃，互动活动好，知识能力落实到位，学生掌握好等。

第二，对自己和同学的评价，包括：是否积极参与学习的全过程，积极思考，主动发言；是否能提出意见及解决问题的思路；是否掌握了知识重点和难点；是否能独立完成测试等。

第三，学生评价方式包括：自评和互评。课堂中多采用自评和互评，能使班级每个成员树立起明确的责任意识，培养学生的自信心、合作意识和集体精神，提高教学效率；还能够让学生看到差异，辩证地对待差异，这样有利于学生的个性发展，同时也培养了学生的自主学习能力。

4. 评价标准多维度

由于学生在知识水平、个性、性别、学习风格等方面的差异，初中英语教师不能用同一个标准评价所有的学生，应该针对不同类型的学生制订不同的评价标准。只要学生在某个方面表现突出，有所进步，就应该受到肯定、表扬和鼓励，从而促使学生继续努力学习，为培养学生的自主学习能力创造良好的条件。

二、初中英语互动教学模式案例

（一）教学内容

初中英语必修 1 Unit 3 *Travel Journal* 中的 Warming up 部分。

（二）教学目标

第一，学生能够熟读、熟记、灵活应用以下生词和重点短语：journal, transport, advantage, disadvantage, imagine, prefer, fare, think about。

第二，学生对本课话题——旅游，产生浓厚的兴趣，学习的积极性和主动性被充分调动起来。

第三，学生能够用英语自由地谈论本课话题——旅游。

（三）教学方法

问答法，同桌讨论法。

（四）教学过程

1. 教师导学

教师向全班学生打招呼问好，并以提问方式："Do you like travelling？"导入本课话题——旅游。在此过程中，教师让学生上讲台，大胆地用英语讲述自己的旅游经历，注重体现学生在课堂上的主体地位，调动起学生学习的积极性和主动性。

2. 学生自学

教师布置学习任务，让学生独立完成 Warming up 中第一部分的表格，并参考第二部分，思考如何制订一个旅游计划。在此过程中，教师走下讲台，认真关注每一位学生完成任务的情况，并给予及时的点拨和指导，使学生感受到教师的关心和帮助，激发起学生学习的自主性。

3. 组织课堂互动活动

（1）师生互动

学生自学之后，教师鼓励学生们就各种交通方式的优缺点，大胆发表自己的观点和看法，多用"Good！""That's right！""Perfect！"等反馈方式肯定、表扬学生的回答，并将具有代表性的观点添加到以下表格中。

表5-16 Advantages and disadvantages of vehicles

Transport	Advantages	Disadvantages
bus		
train		
ship		
airplane		

（2）生生互动

教师创设情境，让学生想象暑假到来了，自己计划旅游度假。那么如何制订一个旅游计划呢？教师在多媒体大屏幕上展示出以下问题：

① Where are you staying？

② How are you going to...？

③ When are you leaving ?

④ When are you arriving in/at ?

⑤ How long are you staying in... ?

⑥ When are you coming back ?

并对句中出现的语法现象——现在进行时表示近期的计划安排做简单讲解。接着，教师让同桌互相讨论各自的旅游计划，并做好准备将自己的旅游计划讲给全班同学听。在此过程中，教师要以微笑、目光交流、言语评价等多种方式，对学生的课堂表现给予及时的肯定、赞赏和鼓励，有效激发学生参与课堂活动的积极性和主动性。

4. 总结评价

首先，教师用课堂学习评价记录表，对学生的课堂表现打分，记录其学习中遇到的问题。对于课堂表现突出的学生个人或小组，教师要及时鼓励、表扬。紧接着，教师引导学生回忆本节课的知识要点，并将其展示在大屏幕上，鼓励学生大胆提问。最后，教师布置课后作业：和你的朋友用英语谈论你的旅游计划（进一步培养和强化学生的语言实践能力和自主学习能力）。本节课到此结束。

第七节　学生英语自主学习能力增强的方法

一、激发学生内在的学习动机

动机可以分为外部动机和内部动机，内部动机起决定性作用，外部动机通过影响内部动机而发挥作用。因此，笔者认为，教师在课堂师生互动过程中首先要注意激发学生的内在动机。

很多学者都认可兴趣是内部动机最有效的促进者，认为动机和兴趣是不可分割的，它能激发学习者的好奇心理，也能维持学习者的高效学习状态。因此，笔者认为在课堂师生互动过程中可以采取如下策略激发学生的英语学习兴趣：

1. 讲故事法

教师可以通过讲一个与本课内容相关联的背景故事，让故事中的人或事勾起学生求知的欲望。如笔者在介绍英美国家问候语时，笔者给学生讲述了下面的故事：

日本首相的英文不好，去美国之前，新闻记者们觉得首相如果连简单的英文也不会说，未免显得过于丢人现眼。他们集思广益道："还是这样吧，见面之后先伸出手，跟克林顿说：'How are you？'克林顿一定会说：'I am fine, and you？'首相回一句：'Me too！'剩下的就交给翻译去处理好了。"首相大喜，在政府专用机上练习。飞机飞越太平洋，还听得到梦中的首相在喃喃地苦练美式发音。走上厚厚的红地毯，首相的心中一阵狂喜，伸出双手，出口的是什么竟然浑然不觉："Who are you？"这时候他脸上的笑灿烂得融化了美利坚的天空。克林顿吃了一惊，不过他历大难而不倒，8 年总统也行将任满，临危不惧，急智而答，正好讨好身边的夫人一把："Lama Hilary's husband."首相仿佛看到华盛顿邮报头版头条的赞美，播音员的兴奋。接下来，首相微笑着，自豪地、骄傲地看了对面的希拉利一眼，然后冲克林顿点了点头，无比坚定地说："Me too！！！"

笔者刚说完这个故事，同学们便哈哈大笑了起来。这个故事不但激发了学生的学习兴趣，也使他们认识到学习英语的重要性。在这节课中，学生们积极参与，与教师有很好的互动，教学取得了较好的效果。

2. 游戏法

在相对呆板的课堂教学中，如果采用适当的课堂游戏，无异于给课堂注入了活力，学生的兴趣比较容易激活。在这种学习环境中，学生们以比较放松的心态，轻松愉快地学习，学习效果也是相当好的。但教师要注意对课堂的管理，防止出现混乱场面。

总之，激发学生英语学习兴趣的方法多种多样，教师可根据自己的实际情况选择合适的教学方式，通过轻松、愉快地与学生互动来进行教学活动，可以大幅度提高学生参与课堂活动的积极性，从而激发他们学习英语的兴趣。

二、采取恰当手段来提升学生的自我效能感

班杜拉曾说过："成败经验是个体对自己在实际活动过程中所取得的成就水平的感知，是个体获得自我效能感的一种最具体的、最主要的途径，因为它的确显示了个体驾驭或掌握环境事件的能力。"基于此，初中英语教师要采取适当手段来提升学生的自我效能感。

第一，教师要制订切合学生实际水平的教学目标。只有当学习者在学习略高于自己现有水平的学习资料时，才能建构学习内容的意义。第二，在课堂师生互动过程中，教师要时刻关注学生的学习状态，尤其要注意中等生、差生的

学习状态。在教学过程中给予这部分学生适当程度的关注，在恰当的时机给予这些学生表现自我的机会，并给予正面的鼓励和表扬。在这种教学氛围中，教师应让学生不断体验成功，逐渐增强学生的自我效能感。

综上所述，不管教师以何种方式进行课堂师生互动，增加课堂的趣味性，开拓更广阔的教学空间让学生参与其中，增强他们的英语学习兴趣是相当重要的。另外，教师也要注意对学生自我效能感的积极培养，争取使课堂成为学生英语学习兴趣形成的发源地和培养学习自信心的高效区域，进一步提升学生的自主学习能力。

三、通过学习策略培训提高学生自主学习的效率

著名语言学家罗德·艾里斯（Rod Ellis）指出，学习策略是学习者在语言学习中运用某些特殊的方法或手段，获取、储存、提取和处理信息的方法和步骤。学习策略作为学生自主学习必不可少的组成部分，初中英语教师在课堂互动中可以采取以下几种策略。

（一）培养学生的情感策略

师生之间的情感是随着时间的推移而逐渐发展起来的。只有当师生间建立起良好的情感纽带，师生间才能实现真正意义上的互动。第二语言习得理论认为，语言的输出尽管和语言的输入有很大的关系，但更具影响力的还是学生的学习情感。师生间的情感就是学生获取知识的过滤网，当他们之间的情感值较低时，学生的言语获得状态也处于较低状态。此时，尽管有大量的言语输入，也难以产生高质量的言语输出。

1. 教师要通过适当提问来给予学生足够多的关注

师生课堂互动在很大程度上是教师和学生之间的言语问答，教师可以给不同的学生准备具有差异性的问题，让学生能够感觉到问题契合自己的学习状况。但需要注意的是，问题的难度要契合学生的发展层次，禁止给优秀的学生提问极其简单的问题，也不能给差生提问难度较大的问题。教师也要注意提问对象的广度，要注意照顾大部分学生的感受，不能因个人喜好仅提问几个学生。以上这几种情况都会打击学生学习英语的积极性，使他们感觉到你不重视他们，容易导致学生产生负面情绪，难以培养学生的自主学习能力。

2. 教师在课堂互动中要注意包容学生

在初中英语课堂互动过程中，难免有学生会犯这样那样的错误，教师要以

包容的心态来看待学生所犯的错误。一方面，教师要注意给学生留足面子，善待学生在学习过程中出现的错误。另一方面，教师要用积极的语言来劝解、鼓励，甚至从侧面表扬学生。这样才能让学生以放松的姿态投入教师营造的学习环境中，师生才能建立起良好的情感关系，从而为学生自主学习能力的培养创造良好的条件。

（二）培养学生的认知策略

认知策略是学习者接受知识、获取知识的必备策略，是学习者在学习过程中形成的具有自我个性特征的学习风格的统一概括。笔者认为，针对英语学习内容的不同，教师可以在课堂互动过程中逐步渗透词汇、阅读、听力、写作等的学习策略。以词汇记忆策略为例，在英语学习过程中，有相当多的时间是花在记忆单词上的。因此，教师帮助学生找到适合其自身的词汇记忆方法是很有必要的。教师可以给学生讲解多种多样的词汇记忆方法，并介绍各种记忆方法的优劣，让学生自主选择。笔者在此列举一二，意在抛砖引玉。

1. 词根记忆

在英语中，很多单词是有特定意义的。那么，教师就可以利用英语单词的词根来加强学生单词的记忆。如"full"这个后缀，就表示一个单词的形容词化，如 beauty 和 beautiful 就可以利用这种方法记忆。再如"tion"这个后缀表示英语单词的名词化，如 celebrate 和 celebration 就可以用这种方法来记忆。再如"un"这个前缀表示反义化，如 able 和 unable 可以采用此种方法记忆。由此可知，教师要随时注意引导学生进行类似的总结，找出单词记忆的相同点。这样能够极大减少单词记忆的数量，增强学生的记忆效果。

2. 分类记忆

教师引导学生进行单词分类记忆也是比较好的一种办法，尤其是针对大量的蔬菜、水果、动物之类的名词。具体如下：

Fruit: apple, banana, watermelon, pear, strawberry, grape, orange, peach, cherry, pineapple。

Furniture: desk, chair, sofa, bed, bookshelf, dressing table。

Sports: football, soccer, basketball, volleyball, tennis, table tennis, badminton, swimming, skiing, skating, running, jogging。

Vegetable: eggplant, mushroom, tomato, potato, cucumber, green pepper。

Animal：dog，cat，rabbit，tiger，lion，lioness，duck，dolphin，bird，pigeon，zebra。

3. *游戏记忆*

游戏是提高学生学习效率的重要方法，将此运用于单词记忆之中能收到相当不错的效果，现列举两个单词游戏：

第一，传递单词。教师组织学生组成一个圆圈围坐，每个人手中持一个单词，当教师念到某一个单词的时候，持有该单词的学生迅速传递给左边的同学，以此循环。当教师喊停的时候，持有该单词的同学失败。按个人情况处罚唱歌、讲笑话或故事等。

第二，拼读单词列队比赛。教师以每组 7～8 人的方式将班级的学生分组，教师念出单词，各组学生人手持一个字母迅速按单词拼写顺序站好，最先站好的小组为胜利组。

（三）课堂互动活动的设计技巧

初中英语互动教学设计的关键环节就是课堂互动活动的设计，那么如何设计好课堂互动活动呢？初中英语教师应该注意以下几点：

第一，互动活动的设计要着眼于促进学生身心全面发展，培养学生的交际能力、合作能力、创新能力和自主学习能力，课堂的各个环节都要围绕这个总目标展开。

第二，活动内容的选择要以学生的生活经验和兴趣为基础，选择学生喜欢的、感兴趣的、新颖的活动内容。比如，讨论时事、名人奋斗事迹、西方文化传统等话题；表演话剧；开展口语演讲比赛等。

第三，课堂互动活动的组织形式应该多样化，比如：师生互动，生生互动，学生与教学客体（作者文本、多媒体课件等）的互动，具体要根据教学目标来确定。

第四，要关注学生的个体差异，满足不同学生的需要，创设能引导学生主动参与的课堂氛围。例如，一个情景可创设几个话题，有简单的，也有比较难的，学生可以根据自己的实际自由选择要讨论的话题。

（四）以人为本的教育评价

以人为本的教育评价，坚持人本主义的基本观念，以促进学生的身心全面发展为根本目的，改变了以往过分注重分数、简单地以考试结果对学生进行分类的做法，注重对学生情感、态度、人格发展等方面的评价，体现了学生的主体地位，调动了学生学习英语的积极性和主动性。

在初中英语互动教学中，教师应该注意以下几点：

第一，关心学生的全面成长，尤其是内心世界。英语教师只有深入学生的内心世界了解学生，师生之间才能更好地沟通和交流，才能提高教学效率。在实际教学中，英语教师不应该只关注学生的学习，还应该关心他们的日常生活，尤其是内心世界。比如，某个学生在课堂上一向表现很积极，而在这堂课上突然一反常态，表现消沉或者注意力不集中，教师就要在课下和学生及时谈话沟通，了解他们的内心世界和日常生活，帮助他们端正学习态度。平时，教师也可以经常和学生谈谈心，问问他们最近生活过得怎么样。

第二，重视英语课堂教学中的评价性语言。心理学研究表明，教师的期待和鼓励会影响学生的成绩和教师对学生的评价。初中生正处于身心发展的关键时期，他们的自我意识、独立意识、自尊心都很强，教师要在互动交流中善于发现学生的闪光点，多使用鼓励性和引导性语言，从而激发他们学习的积极性和主动性。另外，对于不同年龄、性别和性格的学生，教师也应该采用不同的评价性语言，从而提高评价的质量。

第三，提倡学生自我评价。学生的自我评价，有助于发挥学生的学习自主性，使学生正确认识自我。教师可以让学生根据自己的实际情况回答下列问题，并存入个人学习档案袋。

① What is the part that impressed me most in this class？

② What problems do I have in learning this unit？

③ What are my advantages in this unit？

④ What changes should I make in my learning process？

⑤ What suggestions can I give to the teacher in teaching this unit？

第四，教师进行教学反思。教师进行课后教学反思，使课前设计、课堂操作和课后反思构成一个有机体，从而提高教学质量。教学反思的方式是多种多样的，教师可以在上完课后，问问自己："课堂上学生表现积极主动吗？""学生在这堂课上有哪些收获？""这节课有哪些不足之处，如何改进？"等等。也可每月做一次课堂教学情况调查，认真做好总结和反思，并用课件的形式记下来。总之，教师只有在实际教学中不断进行自我反思，才能提高初中课堂教学效率，培养并提升学生的自主学习能力。

第八节 初中英语实施互动教学应注意的问题

一、制订明确的学习目标

在英语教学过程中，给学生制订合理的学习目标有利于吸引学生的注意力，让学生有目的地学习。教师在为学生制订学习目标时，学生可以根据自身的实际情况将制订的目标分为很多个小目标。只有明确学习的目标，才能够收到预想的学习效果。大家都知道，教师上课都有一个教学目标，学生也应该为自己定一个学习目标。在刚开始学习时，教师可以通过开班会、早会等方式，帮助学生根据自身的情况制订适合自身的目标。同时，教师可以通过和学生进行互动，提醒学生应该实现的目标，在激发学生学习兴趣的同时，形成良好的学习环境。

二、教学重点应从"教"转为"辅"

教师在与学生进行互动的过程中，应该清楚地意识到自身在教学中的地位，让学生从被动听课变为主动听课，教师的地位也由主导变为指导。对此，教师应该精心筹备每一堂课，突出教学重点。在教学的过程中，讲解的时间最好要少于课堂时间的一半，强化学生课上的实践活动。师生之间的互动活动，让学生对所学的知识能有效地运用。

三、建立教师和学生、内容与方法互动的教学体系

互动式教学的内容比较丰富，不只是教师与学生单纯的问答，也要将教学内容和教学方式进行互动。具体就是，教师利用自己的英语优势带动学生学习英语，激发学生的英语学习兴趣，挖掘学生的英语潜力，增强学生的学习效果。学生在教师的带动下既锻炼了自己的英语能力，又丰富了自己的英语知识，教学效果非常可观。另外，教师在教学过程中，要灵活使用不同的教学方式，增加教学的趣味性、多变性，为学生营造轻松的学习环境，让学生能够最大限度地使用英语交流。在一个纯英语的环境中，学生受到熏陶也会开始说英语。这样的教学方式能够很好地提高英语教学质量，培养学生的英语能力。

四、设计以学生为中心的课堂实践活动

在学校英语教育中，不能只开展课堂教学，也可以适当地开展英语课堂实践活动，让学生在活动中使用英语交流，锻炼学生的英语交际能力。好的开端是成功的一半，学生能够开口说话，那么他的英语能力也会因为说英语而得到大幅度的提高。基于此，教师需要准备足够精彩有趣的课堂开场白，以便在接下来的时间能够更好地与学生交流。在课堂教学中，一环紧扣一环，时刻抓住学生的注意力，让学生完全沉浸在课堂中，这样学生才能够更好地学习英语。同时，教师也可以利用多媒体，或通过观赏英文影片，来激发学生的英语学习兴趣，让学生设身处地地感受英语的魅力，挖掘学生的英语学习潜力。也可以让学生提问，教师回答，让教师充分了解学生的英语学习情况，以便调整教学方式，更好地进行英语教学活动。

互动是教育教学的精髓所在，是教育永恒不变的主题，没有互动的教学不能称为真正的教学。当今教育界和心理学界已经认识到，教育的根本目标是使学生成为独立、自主、有效的学习者。同时作为教育工作者，我们更清醒地知道在当今知识大爆炸的时代，任何教育都不可能将所有人类知识传授给学习者，教育的任务必然要由使学生学到知识转化成培养学生的自主学习能力，这也正是学习的本质。因此，"互动教学"与"自主学习"已成为教育界谱写的主旋律。互动式英语课堂教学的目的就是通过师生之间的交流、学生之间的对话，增加学生学习的积极性和主动性，培养学生的学习兴趣，进一步提高教师教学的质量。在素质教育不断深化的当下，建立师生互动的教学课堂运行机制越来越得到广大师生的青睐。

综上所述，自主学习是初中生良好学习能力和素养的体现，而互动教学有利于提高学生的英语水平和综合能力，尤其是学生的自主学习能力。把这两者有机结合起来并积极推广应用到各个层次、各个阶段的英语教学中去，已经成为广大英语教师奋斗的目标。

第六章　多媒体辅助教学中自主学习能力的培养

第一节　多媒体辅助教学概述

一、多媒体

多媒体指用计算机和视听技术把文字、图形、声音、视频等两种或两种以上的信息进行组合、处理，通过人机交互式操作向使用者提供其所需信息的计算机集成的环境。顾名思义，多媒体也就是多种媒体的组合，将多种媒体资源整合在一个系统中。随着近年来计算机的迅猛发展，"多媒体"一词已经不单单指多媒体信息本身，它还包括以计算机为主的处理、运用多媒体信息的相关的技术。

二、多媒体辅助教学

多媒体辅助教学指把多媒体计算机应用于教学过程中，通过综合处理声音、文字、图形等信息进行集成，用计算机多媒体课件更直观地展示教学内容，收到更好的教学效果，使课堂教学变得更生动、更立体。与传统的教学方法相比较，多媒体的产生使得教师和学生在授课和学习的过程中，有更多获取方方面面资料的渠道。教师可以利用多媒体辅助课堂教学，学生可以利用多媒体及其网络信息进行自主学习。

三、多媒体辅助英语教学

多媒体辅助英语教学是以计算机为核心的多媒体系统辅助英语教学的活动，主要是指通过综合利用各种媒体和技术，对英语教学与学习的信息进行储藏、加工、传播、交流，从而达到英语教学与学习的最优化。这种教学主要基于多媒体语言学习系统的教与学活动，具体就是利用以计算机为核心的信息技术和资源所建构的英语教学活动，传授英语基本知识、基本技能，培养学生利用信息技术获取必要的英语信息的能力和英语视、听、说的能力，使学生对多媒体辅助教学有一定的认识，使学生从中感悟到计算机文化的丰富内涵，扩大学生英语文化视野和言语信息的输入或输出。

第二节　多媒体辅助教学中初中生英语自主学习能力培养教学模式

一、多媒体信息技术与初中英语课堂教学整合的必要性

实践证明，由于初中英语课堂授课环节的单一、乏味、无趣，学生的学习积极性难以被调动，从而导致初中英语课堂教学效率较低，学生学习成绩逐渐下滑。那么，基于此现状，教师在英语课堂之中引入信息技术，将信息技术与英语课堂进行整合，并运用于口语教学或听力教学之中，则能够有效激发学生的学习兴趣，增强学生的求知欲望，进而起到优化课堂教学效率、提升学生英语学习能力及素养的作用。由此可见，在新课程改革背景之下，信息技术与初中英语课堂教学的整合，对培养学生的自主学习能力有着重要意义，不可忽视。

二、多媒体辅助教学中初中生英语自主学习能力培养教学特点

在课程改革的探索中，很多研究工作者和大量奋斗在教育一线的教师探索如何增强初中生自主学习的能力，其运用的教学手段主要包括任务型教学、合作学习、研究性学习和建构主义理论思想等。而本研究则将多媒体的优势与特点，渗透在英语教学的各个环节，并将结合其他先进教学理论方法共同培养学生的自主学习能力。

根据英语学习的能力要求，将教学设计为以下几个步骤。

①根据一个单元的要求确定学习目标、任务计划；

②利用多媒体环境、教育技术激发学生的学习动机；

③将视听、词汇、阅读、语法、写作几个模块与任务型教学、合作学习、探究学习结合，引导学生开展各种自主性学习活动，引导学生在自主学习的过程中反思自己的学习情况，客观地做自我评价。

教师在整个设计活动中，发挥引导、启发、教学演示、反馈、评价的作用。

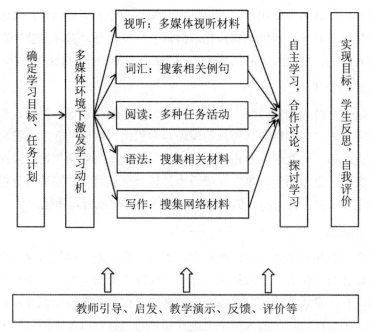

图 6-1　多媒体环境下对英语教学的设计与反馈步骤

三、多媒体辅助教学中初中生英语自主学习能力培养教学模式

（一）构建基于微课的翻转课堂教学模式

在当今社会环境背景下，初中英语作为基础教学课程之一，其教学模式如何进行改革，是让初中英语教师十分头疼的问题。而初中作为学习英语承上启下的重要阶段，其英语教学方式的改革更是急需解决。现阶段，随着多媒体教室的不断普及，多媒体课件在初中英语教学中得到了一定的应用。但是，其应用效果并不理想，使得初中教师长期探寻一种新的教学方式。而微课的出现，就在一定程度上为初中英语教师教学带来了一定的希望。它不仅颠覆了之前的传统教学模式，还提升了初中生的学习热情，从而为初中生的学习与教师的教学带来了双重帮助。

1. 微课概述

微课主要指按照人的认知规律运用信息技术，为学生呈现出碎片化的学习内容与过程。微课的主要组成内容，以教学课例片段、教学素材课件、教学反思，以及学生反馈、教师点评为主，为学生的学习营造一个主题式的学习环境。

微课与传统教学的教学课件、教学方式等有所不同，属于一种新型教学资源。微课只是讲授一到两个知识点，不仅没有非常复杂化的课程体系，也没有非常多的教学目标与对象，所以呈碎片化。但需要注意的是，微课主要针对一些特定的目标人群进行知识的传递。基于此，微课仍具有一定的系统性与全面性。

2. 微课的特点

第一，教学时间相对较短。微课的核心，就是教学视频。因而，微课的教学时长主要为 6 ～ 8 分钟。与传统的现场教学相比，微课的教学更符合初中生的学习特点。第二，教学内容相对少一点。与传统现场教学相比，微课的教学重点更为突出，更加简洁。第三，资源容量较少。从容量方面进行分析，微课的存储量主要集中在几十兆。第四，主题明显，内容相对具体化。

3. 微课应用于初中英语教学的可行性

在当今社会环境背景下，可观看微课的设备最大限度地为微课提供了技术支持。而微课的制作者初中教师，则在一定程度上为构建微课资源库提供了支持。所以，有一定教龄的初中教师，只要掌握了初中教学的知识点，就可以进行微课的录制与剪辑，从而为初中生进行知识的讲解，以此来提高初中生的学习效率。

再加上，随着社会的快速发展与不断进步，电子产品更新换代速度越来越快，使得移动设备日益多元化。这就为初中教师教学提供了一定的教学设备基础，从而在一定程度上实现了教学与移动设备技术的有效结合。对此，初中生可以通过网络的方式学习微课教学资源，教师也可以直接下载相关微课视频，从而提升学生的学习效率与教师的教学效率。

4. 提升微课在初中英语教学中重要性的方法

（1）利用好微事物进行教学，提升微课的应用频率

微视频是初中英语教师制作微课的主要内容，不仅可以将教学重点播放给学生，还可以让学生通过观看微视频的方式更加直观地感受到一些生动的表演，来帮助学生进行记忆，从而在一定程度上增加初中生英语学习的兴趣，还能够进一步实现教师的教学目标，最终实现双赢。因此，初中英语教师可以利用微视频进行教学，从而提升微课的应用频率。

（2）挖掘有价值的点，让微课无处不在

初中英语教师应用微课，不仅仅要在课堂之上使用，还要在课前或是课后使用。第一，课前预习。初中英语教师可以通过微课，让学生进行课前预习，从而让初中生提前一步熟悉接下来要学习的知识，从而进一步提升课堂教学的

质量。第二，课堂讲解。在课堂中进行教学是最为传统的方式之一，其教学重点与难点，都是在课堂之上完成的。因而，通过微针对性、形象化的方式进行教学重点与难点的讲解，是非常重要的。第三，课后复习。课后复习就是为了进一步巩固学生所学的知识，以及对自己所学的知识进行检查。因而，微课的存在对学生的课后复习尤为重要。

（3）加强对教师的培训

初中英语教师是学生学习的引导者，以及走向成功之路的引路人。因此，要想使微课在初中英语教学中得到良好的应用，就要进一步提升教师的综合素质。而提升教师综合素质的途径，即加强培训。加强培训，不仅可以让初中英语教师提升教学质量，还可以在一定程度上间接地提升初中生的学习成绩等。除此之外，初中教师在应用微课的过程中，还应该加强对教学资源的更新，从而使得初中教学更加精彩，并以此来提升初中生的英语学习兴趣，最终在提高初中教师微课应用水平的同时，还能够进一步提高初中生的英语水平，最终实现初中教师与学生的共同进步。

当前，微课作为一种相对全新的教育模式，逐渐引起了国内外学者的广泛关注。同时，微课作为一种补充资源，还在一定程度上改变了初中生的学习方式。因而，在网络时代背景下，初中生的学习与微课息息相关。多媒体辅助教学下的英语教学，既符合初中生的心理特征，还符合初中生对知识点的个性化需求，对于提升学生的自主学习能力具有一定的现实意义。

（二）构建微信、QQ 多元互动的课外自主学习平台教学模式

目前，网络在人们生活中越来越重要。那么，教师利用微信及 QQ 这样的交往软件来构建课外自主学习平台模式，有利于推动学生之间的合作学习，从而促进学生共同进步。基于此，教师可以选择与学生家长合作的方式，允许学生可以在家里上网，但其上网的目的应以学习为主。例如，在这样的情况下，英语教师就可以将全班同学加入一个微信群或者 QQ 群，通过这样的方式在群里收发课后英语作业。这样不仅能够加强学生之间讨论，还能够有效激发学生的学习兴趣，从而为学生的英语学习提供一个良好的沟通平台。基于此，在"互联网＋"背景下构建微信、QQ 多元互动的课外自主学习平台教学模式，对于学生的人际交往以及学生的课后学习都有极大的帮助。

综上所述，作为初中英语教师，应不断加强对多媒体环境下的英语教学新模式的运用，这样不仅能够树立一定的教学理念，还可以在一定程度上有效提高课堂教学效率，并不断提升学生的学习成绩。因此，相信在未来的初中英语教学课堂中，会有更多的教学新模式逐渐涌出，不断推动初中英语课堂发展，并为学生的下一步学习打好坚实的基础。

第三节　多媒体辅助教学中初中英语自主学习的教学实践设计

一、多媒体环境下培养学生视、听、说自主学习能力

现代教育技术的迅猛发展，促使教学形式产生根本性改变。多媒体的英语教学技术把文字、图像、图形、动画等结合起来，做到图文并茂，声情融会。这种信息表达，为教学提供了逼真的表现手法，扩大了人的感知空间和时间，拓宽了主观对客观世界的认识范围。所以，现代多媒体教学技术是富有生命力和活力的交际语言教学手段。在培养学生英语自主学习性时，我们更应该利用多媒体的优势培养学生视、听、说的学习能力，扩大初中生的文化视野和言语信息的输入或输出。对此，在多媒体环境的辅助下，开展以学生为主体的教学，教师始终坚持让学生在充分了解学习内容与程序的情况后进行学习，将视听材料引进课堂，丰富学生的活动，改变以往只听录音的枯燥乏味的课堂，激发了学生学习的动机和兴趣。

（一）视、听教学

教师组织全班同学在英语课堂上通过投影来观看和课文相关的材料。在观看前，教师简单地介绍学习任务，提出一些相关的问题，把学生的注意力吸引到教学片段上。每一阶段的任务设计都应具有一定的导入性，学生通过一系列的任务来理解语言，并能在交际活动中运用；所设计的任务应由简到繁，由易到难，前后相连，层层深入，形成一个由初级任务到高级任务，再由高级任务涵盖初级任务的循环。通过完成特定的任务来获得和积累相应的学习经验，享受成功的喜悦，从而增强学生的学习兴趣和学习的积极性。

（二）模仿学习

该学习方法分为两方面。第一，教师的分层立标应采取"由浅入深，由易及难""排除心理障碍""扫除语言障碍""培养听力基本单项技能"几项措施。先让学生听些浅显的小故事，问一些简单的问题。这样不但调动了学生的积极性，也增强了他们的学习信心。听歌曲，模仿；听电影独白，模仿；单项技能根据训练内容而定。其内容有：听大意、辨细节、听数字、做推理等等。在部

分学生能自己总结规律的情况下，指出要领，使学生较为迅速地掌握技能。第二，学生要主动、反复地听和重现，在理解意思的前提下，去模仿语音、语调、连读、失去爆破、意群的停顿等朗读技巧，迅速突破听力入门关。

（三）任务型学习

在多媒体的帮助下，精选一些与学生水平相近的视听材料，如"空中英语教室"、英语歌曲、与课题相关的电影片断等等，让静止的课本动起来，给学生一个完整的视听感受。这样多媒体的文字、声音、动画和图像的一体化得到展现，为学生提供了丰富的视觉刺激。

（四）合作学习

合作学习就是在独立学习的基础上进行交际的一种学习，也是学生的一种自主学习方式。在课堂上，3～5人一组就某一情景进行讨论、评论、对话。在课外，如举办晚会、进行演讲、创建学生论坛、创建聊天室等，让学生说的能力和创新精神得到发挥和培养。基于此，初中英语教师就应在协作学习过程中针对某个人的具体情况进行个别辅导，帮助和促进其养成与独立思考的习惯。同时，还应鼓励学生发展个性化的见解，鼓励不同意见的交锋，对于大胆的想象和创新，即使不正确，也应给予表扬，尽力保护其创新的积极性。

在实践教学中，很多活动设计都离不开合作学习。例如，在设计观看课文相关影片时，学生开展了按角色配音模仿影片中人物对话的活动，学生表现出很高的热情，表演得也是惟妙惟肖。那么，在这样的情况下，平时学业不良的学生在配音时也能表现得令人惊讶，十分出色。或者，在后期小组合作表演课本剧的活动中，学生都能较好地自主查找材料，翻译，分工，排练，准备服装等，能收获很多超越课本的知识。这就可以得知，在初中英语教学中，合作学习能够有效培养学生的视、听、说自主学习能力。

二、多媒体环境下培养学生阅读自主学习能力

自主学习强调以学生为主体，以学生的认识规律为主，以学生的需求为主，因此教师要全面调动学生学习的积极性和主动性，让学生做到耳到、口到、眼到、手到、心到，全面参与学习的全过程。英语阅读自主学习策略的具体形式是多种多样的，在研究实验中，笔者结合实际情况制订如下几种模式。

（一）利用多媒体信息技术布置自主研究性学习任务

教师在讲解新课之前可要求学生自学每一单元，并写出本单元的教案或制

成课件，教师可根据本单元的难度叫学生分组或单独完成。开始时教师可以做一些指导，如：应上网查找哪些与课文有关的材料，如何确定本单元的学习目标、重点、难点和所需课时等。待教案写好后每人打印几份，上交一份给教师，自己拿一份与同学交流；贴一份在教室，让全班同学浏览、比较，并评出等级。如果制成的是课件，可叫每组学生上台展示和讲解他们的课件。

在设计 *Albert Einstein* 一课时，课前组织学生搜集、筛选、整理与爱因斯坦有关的英语网站和资料，选取爱因斯坦的照片、童年趣事、生活历程、重大贡献等，由师生共同制作研究性教学课件，支持学生在课堂内外充分开展自主学习和信息共享。对此，在多媒体环境背景下，学生通过自主学习探究接触了大量的语言信息，通过搜索、筛选、制作课件，拓宽了知识面，激发了学习的兴趣，也提高了信息素养。具体操作过程与步骤如下：

1. 布置自主研究性学习任务

在学习"现代科学之父"这一单元的前十天，笔者向学生推荐了 10 个相关网站，并布置了自主学习任务：一是要尽可能多地搜集有关爱因斯坦的资料，二要根据自己掌握的材料写出对爱因斯坦的评价。这两项任务都要求学生通过E-mail 提交作业。笔者将这些作业整理后，放在校园网上，供学生查询，实现信息共享。

2. 学生搜集相关学习资源

学生除查阅笔者提供的网站上有关爱因斯坦的内容外，还向我推荐了另外6 个相关网站和几张百科全书光盘。有的同学从不同的网站下载了爱因斯坦不同时期的生活照片，分三次发给笔者；有的同学截取了爱因斯坦人生的故事片段；有的同学查阅了介绍爱因斯坦伟大科学成就的网站，并引用爱因斯坦的一些名言，来全面评价爱因斯坦；等等。

3. 合作学习探寻事物的本质

有了前十天自主学习所获得的信息，课堂上同学们坐在网络阅览室里以小组为单位展开了学习竞赛，看哪个小组率先完成网上课件"爱因斯坦"阅读训练部分的学习任务。通过计算机、学习伙伴和教师的交互式活动，学习小组里同学们互相帮助，高效、准确地获取信息，逐步释疑，由表及里探寻事物的本质。学习过程中还有不少精彩的讨论与发现，例如，文中提到爱因斯坦在希特勒上台后的生活，学生对那段历史不是很了解，就立刻搜索有关第二次世界大战中希特勒上台的背景资料，他们追求事物本质的精神非常可贵。

（二）利用多媒体信息技术增强英语阅读材料的真实性和互动性

真实性和时代感强的语言材料，能够吸引学生克服生词的障碍，很快投入阅读活动，也有助于他们日后的自主阅读。互联网上大量鲜活的语言材料，为扩大初中生的阅读范围提供了可能。笔者在培养学生自主阅读习惯的过程中，做了以下的精心设计和安排：

1. 明确阅读的主题，推荐适合的网站

首先，要根据课堂教学的安排，明确阅读的主题。教师组织学生推荐适合的网址，如：21世纪初中英文报的网站或沪江英语网站等，让大家共享自己查到的文章，以丰富课堂教学，丰富学生阅读。这样的做法不仅有利于减少学生网上搜寻的时间，还在一定程度上提高了课堂的阅读效率。

2. 筛选优秀素材，作为辅助阅读材料

为了增加初中生的阅读量和形成自主阅读，笔者精选与教学内容相关的素材放在学校服务器上，同时对文章中的有关生词和短语做相应的处理。这种做法的优势，就在于学生的阅读材料相对集中，容易形成共同讨论的基础，有利于开展阅读后的归纳、讨论等控制性或开放性的语言产出活动。

3. 进行课后网上阅读，制作电子阅读档案

对于具有设备条件的学生，笔者鼓励他们开展网上英语阅读活动，同时加强教师方面的指导和帮助。我尝试引导学生创设自己的电子自主阅读档案，并作为形成性评价的一部分记入学生的学习成绩。随后，引导学生认真思考关于自己阅读的兴趣、困难、办法等一系列问题，并在阅读档案创设前和期末两次填写下面的表格，作为记载自己自主阅读档案的首末页。这样做有助于增加学生对个人阅读过程的理性化思考，并形成自己的自主阅读策略。

① The most interesting reading I have done recently is_____

Because _____

② The most difficult reading I have done recently is_____

Because_____

③ The most enjoyable things I have read is _____

Because_____

④ Things about my reading that I have improved

_____

⑤ How I improved these things

_____

⑥ Things that cause problems for me when I read

_____

⑦ How I might solve these problems

_____

⑧ Ways in which discussions have helped me with my reading

_____

⑨ Ways in which writing has helped me with my reading

_____

学生要阅读并下载自选的短文，在每篇文章后按要求附有下面的表格，记录自己的评论和思考。这样的做法不但确保了学生阅读的有效性，还将阅读、思考和书面表达有机地结合起来，增强学生的思维能力和语言综合运用能力。

表 6-1　个人阅读记录

Date		Title		Focus		Author	
Comments/ Summary							

在实验阶段，学生起初从浅显的文章读起，写的评论以 E-mail 的方式互相交流或发给教师，所做评论和归纳内容比较简单。随着阅读量的增加，学生的阅读选材和一些独到的评论都令人惊讶和受益匪浅。

第四节　多媒体辅助教学中培养学生自主学习能力教学案例

一、多媒体环境下自主学习口语教学案例

在人们的日常生活之中，人们的交流主要以母语为主，很少使用英文进行交流，从而使得初中英语教学中的口语教学多为"哑巴英语"。基于此，作为新时代背景下的一名初中英语教师，应不断寻求更好的教学方法，解决自身的教学难点，解除学生的学习困扰，提升口语教学效率，促进学生的口语交际能力。

例如，在人教版高二 Unit 2 *Healthy Eating* 的教学过程中，为了锻炼学生的口语交际能力，教师借助多媒体音频的播放优势，让学生跟随课件的播放进

行口读，彻底转变教师带领学生跟读的被动学习现状。在学生跟随音频课件口读结束之后，教师还可以借助视频的支持，让学生感受情境对话的过程，并组织学生进行角色扮演，减少学生对口语交际的恐惧心理。教师："Does eating puffed food often count as a healthy diet？"学生 1："Should not calculate."学生 2："Not really, but I still like it."在这样的沟通交流结束之后，教师可以再通过播放视频的方式让学生直观地看到部分不良厂家对"puffed food"的制作过程，从而让学生明白到底什么是"Healthy Eating"。基于此，信息技术和口语教学的整合，能够带领学生一步一个脚印地进行学习，对学生的口语学习有很大帮助。

二、多媒体环境下自主学习听力教学案例

研究表明，在初中英语学习中，听、说、读、写所占的比例分别为 45%、30%、16%、9%。这就可以得知，听力对学生的英语学习有着重要帮助作用。布纳斯曾说过："学习的最好刺激，就是对所学材料的兴趣。"由此可知，学生要想提高其听力水平，兴趣是极为重要的。如果学生对其听力材料感兴趣，便会积极主动地参与到听力训练之中。基于此，在信息技术的支持下，将学生感兴趣的听力材料与听力教学进行整合，能够有效提高学生的英语听力水平。

例如，在人教版高二 Unit 4 *Astronomy: the science of the stars* 的教学过程中，为了吸引初中生的学习注意力，提高学生的英语听力水平，笔者会在开课之前为学生播放英语视频"恒星揭秘"，并为学生设置成英汉双语的形式，让学生观看。通过观看与课本有关的电影，学生的学习兴趣会被激发，同样会使得课堂气氛更加活跃，从而让学生在快乐的学习环境下提高其听力水平。所以说，信息技术与听力教学的整合，对学生的听力水平提高有重要意义。

三、多媒体环境下自主学习写作教学案例

围绕"How to do..."的主题，开展讨论一件事的步骤写作。

（一）案例特点

将教材中的课文内容与书面表达相结合，使教材内容成为书面表达的语言输入内容之一；用其他素材中相应的、与学生生活相关的内容来丰富学生的语言输入；给学生充分的时间来进行书面表达的输入，并对语言输入的成果进行讲评。

（二）教学设计和教学过程

本节课的教学主要以计算机网络、大屏幕和实物投影仪的多媒体环境为主。

本课教学的重点：口、笔头描述"如何做某事"。

本课教学的难点：学会使用表达做某事的词汇和连贯表达的承转词。

教学分为四个步骤：导入、呈现、操练、运用。

1. 导入

教师首先说明本课的教学内容和教学目标，因为学生是课堂学习的主体，只有让他们了解了课堂教学目标后，他们才可能真正做到主动学习。基于此，教师通过提出两个问题导入课文的学习。

Have you ever made a public speech？ Do you know how to make a successful speech？

Task：Listen to the text and find the skills to speak.

Whatever you do, you must do it step by step and have a good grasp of all the procedures.

In today's lesson, we will learn how to explain step by step how to do these things.

在这里，向学生说明本节课的学习目标，即描述怎样一步一步完成事情。

2. 呈现

为帮助学生完成学习任务，同时也帮助学生解决难点，教师设计了含听、说、读、写四项技能的教学活动：听一段对话，理解主要意思，并回答理解性问题；阅读对话，找出表达如何做事的动词，并用这些动词做填空练习；阅读课本，找出使表达连贯的承转词，并用这些词做填空练习；在新知识呈现阶段，不采用"教师讲—学生听"的形式，而是提出问题，让他们带着问题直接感受语言，动耳、动口、动眼、动手、动脑筋后找出答案。

A. Listen and answer the following questions.

a. What does Mick's mother say？

b. Can you describe the steps Mick's mother took to grow cabbage seeds？

B. Listen to concrete verbs.

a. Listen to the specific verb about Mick's mother growing cabbage.

b. When listening, be sure to fill in the blanks.

The sheet with blanks: I___some soil in the box, ___the seed carefully like this, and then___it with more soil. I'll___the box in the shade so that the sun doesn't___the little plants. Later, in a few weeks' time I'll___the little plants in the earth. Then I'll___them to___the soil getting too dry. Several weeks after that, I will ___them in rows in the field. When the plants are in the ground, I'll___some powder on the soil.

（Keys：but，sow，cover keep，burn，hut，water，stop，plant ，put）

C. Read and identify the transitional words.

Read the dialogue for the expressions used to express how to do things step by step.

Put some soil in the box, sow the seed carefully like this, and cover it with more soil.___, in a few weeks' time I'll put the little plants in the earth.___I'll water them to stop the soil getting too dry, ___I'll plant them in rows in the field. I'll put some powder on the soil.

（keys：then，Later，Then several weeks later，When the plants are in the ground）

教师在这个阶段的作用主要是指导和引导，帮助学生形成正确的知识概念。并且，设计多种形式的教学活动，有效地解决了教学难点，为顺利完成下一步的操练活动奠定了基础。

3. 操练

学生将所学的新知识，在新的语言情景下，做进一步巩固、熟练性的练习。教师为学生选择多媒体教学课件（How to do things step by step）来设置新的情境，要求学生根据刚刚学过的知识来口头表达做事的顺序。

A. Planting pumpkin seeds.

a. Two person activity group.

b. Fill the transitional words in the blanks.

Do you want to know how to plant pumpkin seeds? Follow me! ___, you must mix some plant food with potting soil___, put the soil in a pot with a pebble in the bottom to cover the hole.___, you should sprinkle with water until a little of it leaks out of the bottom.___, sink three seeds, pointy end up, halfway into soil ___, you may put the pot in a dark place about a week until the seeds sprout.___, put the pot and the young plants in the sun and they will grow well. That's how to plant pumpkin seeds.

（Keys：First，Second，Third，After that，Next，Finally）

B. Planting carrots.

a. Match the sentences with the pictures.

b. Tell the procedure of planting carrots.

c. Read the sample passage and check on our own.

（Sample）Let me show you how carrots grow. First, cut off the top of a carrot. Then put a layer of pebbles in a dish or a shallow bowl. Next, cover the pebbles with water. After that, set carrot top on pebbles. When the carrot is well-rooted, transfer it to potting soil in a pot. Finally, add water and plant food. Now you can watch it grow.

教师在这个阶段的作用是设置情境，确定小组讨论的形式和活动方式，监控学生活动，了解学生的知识掌握情况，帮助学生活动、纠错、答疑、解难。

4. 运用

学生通过小组活动设计情境进行口语交际的练习，强化用英语表达如何逐步做事情的技能。

学生口头或者写出一段短文巩固、展示用英语表达如何逐步做事情的技能。

学生习作：*How to feed fishes*

First buy some grubs from market. You can catch a few flies and by yourself too. Then put them into a little bottle. Remember don't make the bottle too full. Second, when you're sure that your fishes are hungry, you can feed them a few of your grubs. Don't feed lots of grubs to your fishes or your nice fishes will eat too much. It will make them die. If you feed your fishes in this way, your fishes will be nicer！

在教学过程中，教师可以充分发挥课件的多媒体交互性特点，利用多媒体信息技术设置合理的语言操练情景，激发学生学习的兴趣，为学生任务型学习、协作学习、自主性学习提供更多的空间和机会。

四、多媒体环境下自主学习语法教学案例

本课例的教学内容是情态动词，借助多媒体与情态动词有关的资料导入。例如，使用学生生活中的照片来引出语言知识，引导学生根据情景造句、编对话和短文，实现课堂内容与生活实际的结合，实现语言的应用性和交际性功能。

（一）案例特点

我们培养学生自学学习的能力和意识，要使他们懂得"从应用的角度学习语言知识"。本课从学生熟悉的日常生活，特别是从学生共同经历的学校生活入手，学习和训练情态动词的各种用法。

（二）教学设计和过程

1. 导入

通过让学生观看一则动画视频，了解使用情态动词的重要性，使学生的注意力迅速地集中到学习重点上。

2. 学习情态动词"can"

Step 1

展示一幅电脑房的图片，让学生使用情态动词"can"来造句。学生可以造如下的句子：

We can use the computer room now.

We can't play games in the computer room.

We couldn't use the computer room last year.

Step 2

让学生概括情态动词"can"的使用功能，然后自主造句。

Step 3

请一名学生配合，问他要一支钢笔，同时说："Can I use your pen？"。

并向另一名同学要一张纸，并问"Could you give me a piece of paper"，让学生体会到用学校生活的常用语言来学习"can"的用法。

Step 4

让学生概括情态动词"can"的第二种用法（用于征求他人意见），让他们自主造句。

Step 5

借助多媒体向学生展示一张很奇怪的房子的图片，问学生："Can it be a real house？"。学生的回答可能是"No, it can't be a real house"。并告诉学生，如果认为它是的话，可以这样表达"It may be a real house"。

3. 学习情态动词"may"

Step 1

给出目标城市带有气象图表的天气图，要求学生根据周边城市的图标，用情态动词的推测用法预报天气；再给他们时间汇成语篇，实现自主学习的情境指导。

Step 2

让学生概括情态动词"may"的功能——当对某一件事情不是很确定的情

况下，表示一定的猜测。

Step 3

给学生一分钟时间讨论，然后请一名学生到讲台前来，根据多媒体天气图做天气预报，使用情态动词"may"和"might"．

Step 4

向学生展示一张图片，图中有一位学生正在敲门，让他们猜测敲门的学生打算说什么。——"May I come in？"

再用多媒体向学生展示另一张图片，图中有一名学生正在向教师请教问题，猜测这位学生将怎样对教师说。——"May I ask you a question？"

4. 操练

给学生四张图片。其中两张是自己学校的图片，美丽的校园和现代化的教室；另两张图片展示的是贫困农村学校的破旧校舍和渴望学习的山区孩子。接着，给学生一篇留有一些空格的小文章，请学生根据图片用情态动词填空，使学生对课堂所学的语法知识进行操练，体现语言的交际实践功能。而且，还可以将德育教育应用到教学内容之中。

5. 任务

在网上搜索自己喜欢的图片，使用含有情态动词的句子进行段落描述。

第五节　多媒体辅助教学中自主学习能力培养的建议

一、强化教师运用计算机多媒体技能的培训

实践证明，多媒体辅助教学方式对教师的专业素养提出了更多挑战。对于相当一部分老教师来说，他们面临着缺乏应该具备的计算机操作技能的难题；对一些年轻教师来说，由于教学经验的不足，他们在电子备课、电脑课件的制作水平方面有待提高。基于此，我们可以通过以下方式来加强计算机多媒体应用技术的培训，让多媒体辅助教学真正作用于我们的教学活动。

1. 加强教师计算机技术的专业培训

学校要按时组织全体英语教师学习多媒体相关理论，做好记录，落实检查；在培训一段时间后，由学校定期组织计算机理论考试，对于考试不合格的教师，要采取措施督促其学习；然后开展多媒体操作竞赛，竞赛内容侧重于多媒体的

基础操作与课件的制作，要做到联系教学实际，力求公正公平，根据竞赛情况适当奖罚。

2. 各级部组织好学科的集体备课

由于英语学科存在情境特殊性，所以学科的总带头人、各个级部的备课小组长要精心组织教师们开展集体备课活动，创建网上课堂；定期选取优秀的电子教案、教学课件，上传到网上课堂上进行展览讨论。另外，每个教师都应在网上建立自己的板块，其中要设立提问区、讨论区、答疑区等。通过网上的交流，互助互学，这样更有助于教师的迅速成长。

3. 定期组织英语公开课

选取对计算机多媒体操作使用熟练的教师来举行公开课，并组织学校教师入室听课，积极评课，指出优缺点；教师通过"听"和"评"看到自身的不足，提高自身的计算机多媒体教学水平。

4. 提高每个教师课件制作与应用水平

在多媒体辅助教学下，多媒体英语课件的制作起着至关重要的作用。在制作一节课的课件之前，教师要熟悉教材与课文内容，切忌照搬教参书，而应当尽量减少无效信息输入；适当插入图片与声音，注意播放速度，留给学生更多的思考时间与自主讨论学习时间。

二、结合传统教学方式，减少无效信息的输入

在多媒体辅助课堂的实际教学中，有些教师将展示多媒体课件作为重心，使得教学课堂变成了课件展览课，这样做既减少了师生交流的时间，又难以突出了一堂课的重难点。针对多媒体辅助教学的这一弊端，我们应该立足传统的教学方式，减少课堂中无效信息的输入。传统的教学方式较多媒体辅助教学有其绝对的优势，黑板和粉笔仍然是不可替代的工具。一方面，由于设备和教师自身条件的限制，每堂课都用多媒体教学根本不可能；另一方面，课堂上无论是教师口授还是实验教学，都离不开板书的配合，使用黑板、粉笔仍不失为一种方便快捷的方法，好的板书能对学生理解教学内容、启发思维、发展智力起到重要的点化作用。

所以在今后的教学中，教师不仅不能抛弃传统的教学方式，反而应该借助传统教学方式，结合教学大纲、课程标准与教学内容认真备课，对于制作的多媒体课件要进行反复的检查。一个优秀的课件是围绕教学目标制作的，既能够充分体现教学结构，又能够突出教学重难点。因此，在课前准备活动之中，教

师应将要授课的重点难点内容以课件的形式印发给学生，以解决多媒体课堂中初中生忙于记笔记而忽视重难点掌握的问题；同时，减少无效幻灯片的播放，教师所展现的每一个图片，播放的每一个声音都必须辅助于教学；教师在利用多媒体辅助教学时，应该立于屏幕前走动，辅以生动的讲解，必要时要借助粉笔黑板，这样的话，既有助于吸引学生的注意力，也减少了无效信息的影响，更能帮助学生对学习内容的重点、难点的把握。

三、注重多媒体辅助教学中课堂师生互动性的培养

学生参与英语学科的学习，首要的用途是与人进行口头交际。因此，多媒体课堂也应该注重教师与学生的交流。但有一部分教师过分依赖多媒体，养成了惰性心理，他们大多从网站直接下载套用现成的教学课件。这样的课件信息容量大，脱离了学生的英语实际水平。再加上，一方面，教师与学生都各自忙于放映与抄写，根本没有时间用于彼此的交流；另一方面，直接搬用的多媒体课件，禁锢了教师的思维，逾越了教学实际与学生学习的实际。

在实际的多媒体辅助英语课堂过程中，教师除注重自身开发教材能力、制作课件的水平提升之外，还应该将情境学习、自主探究学习整合在多媒体教学中。现今，多媒体辅助教学课堂中情境教学与自主教学成了主线教学模式，因此教师应该作为整个教学活动的指引者，充分利用多媒体技术的形象性、集成性、综合性优势，为学生创设一定的学习情境，创造生动逼真的教学氛围。课堂中师生之间进行的相互交流、学生之间进行的英语对话与讨论、教师对课堂活动的及时点评、学生的自我点评等课堂互动活动都有助于学生口语表达、听力水平的进步。

任何事物都有两面性，我们为了追求课堂的效率而使用多媒体，为了增加初中生的语言输入而使用尽可能多的网络信息，但教师必须清醒地认识到我们为了教学而使用多媒体，而非为了使用它而教学。多媒体是创设高效教学环境的手段，是促进学生培养自主学习习惯与能力的方式，而不能完全主宰我们的教学。因此，初中英语教师在使用多媒体时，一定要思考以下问题：

第一，要分析教学环节利用多媒体课件是否有必要；

第二，所选的多媒体课件要有明确的教学目标；

第三，要把握多媒体在教学中的辅助作用；

第四，采用的多媒体课件必须以学生为中心。

第七章　新课标下培养初中生英语自主学习能力的途径

《英语课程标准》明确提出，要培养和发展学生的自主学习能力，这是英语语言学习方式和教学方式的重大转变，也是培养学生终身学习能力的需要。但是，英语教学长期使用"满堂灌"或者"满堂问"的教学方式，势必造成学生缺乏自主学习能力，从而形成对教师过于依赖的局面；而这种现状无论与教育的最终结果"培养一个独立的学习者"，还是与当代国际教育界所强调的培养学生的创新能力以及实现学习方式和学习重点的转移这一发展趋势都是不相符的。根据初中生的实际情况，要改变这种局面，首先就要改变英语课堂教学方式。有鉴于此，本章着重探讨教师在课堂教学环境下如何培养初中生英语自主学习能力的问题。

第一节　初中生英语自主学习能力的外延

随着课程改革的不断深入，许多学校都在积极地进行富有校本特色的探索与尝试。于形式上而言，初中生英语自主学习能力无外乎涉及课前、课中和课后三个时间段，而结合新课程标准具体而言，就是涉及课前的自主预习、课中的合作探究和考前自主复习这三个主要板块。

一、课前自主预习

在新课程背景下，对初中英语自主预习的各个环节、形式和方法、时间安排等进行研究都具有一定的研究价值。《基础教育课程改革纲要》在论及基础教育课程改革的具体目标时指出："改变课程实施过于强调接受学习、死记硬背的现状，倡导学生主动参与、乐于探究、勤于动手，培养学生搜集和处理信息的能力、获取新知识的能力、分析和解决问题的能力，以及交流与合作的能力。"

预习不是学习的简单启动，也不是可有可无的前期学习，是学生学习过程中不可或缺的有效组成部分，预习的效果贯穿于学生学习的全过程。课前预习，就是学习主体在教师授课之前，在教师的指导下，阅读、粗知要学新课内容的学习活动。这既是课堂的预备性学习，也是自主学习的尝试和演习。

然而，英语学科作为一门偏向应用的语言学科，在初中生自主预习方面有其特殊性。比如，英语词汇是影响学生进行篇章理解的一大障碍，如果学生对课文语篇中的生词进行了充分的预习，则相当于扫清了课堂学习的一大障碍，对其在课堂上进行课本理解则有所裨益，但这样做势必会影响学生在语境中根据上下文猜测词义的语言应用能力的生成。再比如，如果学生对课文内容进行了充分的预习，已经提前了解了文章的内容，那么在课堂上对学生进行限定时间快速阅读能力训练的意义也将失去。长此以往，学生在阅读时需要掌握的"跳读、扫读"等技巧也容易缺失，无法满足新课程标准对其学业和相应能力的要求。因此，如何有效编制和使用初中英语导学案对初中生英语自主预习能力进行培养很有研究的必要。

二、课中合作探究

新课程背景下，教学的本质是探究，有效的课堂探究来自班级"学习型小组"的成功构建，以及小组文化建设的有效跟进，由此才能建立起一种课堂自主学习模式，并保证其有效实施。小组合作学习是以合作学习小组为基本形式，以现代社会心理学、教育社会学、认知心理学等为基础，以研究与利用课堂教学中的人际关系为基点，以目标设计为先导，以师生、生生、师师合作为基本动力，以小组活动为基本教学方式，以团体成绩为评价标准，以标准参照评价为基本手段，以大面积提高学生的学习成绩、改善班级内社会心理气氛、形成学生良好的心理品质和社会技能为根本目标的一种极富创意与实效的教学理论与策略体系。

初中英语课堂中的小组建设，对新课程背景下以"小组合作学习"为载体的英语课堂教学模式的成效起着至关重要的作用。

三、考前自主复习

教学质量是一个学校的生命线，巩固提高教学业绩是办学质量获得可持续发展的根本保障，而教学质量的高低则直观地表现在备考质量的优劣上。"冰冻三尺非一日之寒"，考试成绩高低的主要影响因素还是平时学业知识掌握和应用的程度强弱，但是如果学生在考前有充分而有效的自主复习时间，将学科知识进行系统地回顾和总结强化，势必对其考试成绩有积极正面的影响，尤其是高三许多大型考试的考前自主复习，对于高三学生而言是非常重要的查漏补缺良机。而英语学科的知识体系网络结构错综复杂，如果学生不能沉下心来认真细致地自主复习，便很难把握英语知识点中的重难点，对同类型的复现题目也不会敏感，容易造成不必要的失分。

此外，许多师生虽隐约知道自主复习的必要性和重要性，但对于许多细节工作的开展仍缺乏可靠的数据支持，大大降低了自主复习的效率。因此，对英语学科考前自主复习进行调研有一定的参考价值，其调研数据可以帮助我们量化具体的实施细节，如：时间安排的长短，复习提纲知识点分布的疏密，等等。

第二节　促进学生英语自主学习的基本原则

教学是学生和教师积极地投入互动的过程。从教的角度看，自主学习重视学生在学习活动中主体意识的自觉发挥，重视学生在学习活动中主观能动性和创造精神的积极发挥；从学的角度看，自主学习具有独立性、能动性和创造性三个基本特征。因此，根据自主学习的特征、自主学习的过程、学生认知的方式，以及学生的学习需要、教师的指导等因素来确定促进学生英语自主学习的原则。根据自主学习的特征，就有自主性原则；根据学生自主学习的过程，应有探究性原则；根据教师的指导、相互影响和组织形式，又有协作性原则；根据学生的认知特点、认知方式则有适应性原则；根据学习内容则有选择性原则。

一、自主性原则

自主性原则是根据自主学习的特征确定的。研究表明，从自主学习的实质来看，自主学习的过程主要是自主性的发挥过程。确定学生的学习是否为自主的，从过程来看，表现在对自我目标、自我效能价值观、归因，时间计划和管理，自我控制、自我判断、行为控制，选择、组织学习环境，选择榜样，寻求帮助等有自主性。

因此，在英语教学过程中，教师要能促使学生在学习活动开始前，自己能够确定学习目标、制订学习计划、做好具体的学习准备；在学习活动进行中能够对自身的学习进展、学习方法做出自我监控、自我反馈和自我调节；在学习活动结束后，能够对自身学习结果进行自我检查、自我总结、自我评价和自我补救，那么学生的学习就是自主的。对此，这种教学就是促进学生自主学习的，就能让学生进行高品质的学习，切实转变学生的学习方式，促进学生的发展。

学生的自主性还应贯穿在英语教学活动的全过程中，这样学生才能成为学习的主人。语言教学的最终目的，是使学生具有实际运用语言的能力，在英语教学活动中，一定要让学生始终处于主体激活状态。学生的主体参与，体现在"动"字上，动则"活"，则"灵"，则"成"。这就要求教师在课堂上应尽量开展有意义的、有利于学生建构具有个人意义的知识体系的活动，开展真正能促使学生主体参与、发展实际运用语言能力的活动。

二、探究性原则

探究性原则是根据学生认知的过程来确定的。学习的目的是学生想学、会学、能学，而对学习过程的探究则有利于自主学习能力的形成，有利于创新思维和实践能力。因此，促进自主学习的教学活动、学生的学习活动都要注意激发学生去探究。并且，在学习方式上，也要让学生用探究的方式去学习。

如根据新课标的要求，教学内容的选择向学生和社会生活实际靠近，那么在促进自主学习的过程中，教师所设计的学生的学习内容既要基于教材，又要跳出教材。教师要开发一些学生感兴趣的、有利于启迪和开发智力、有利于个性培养、创造性思维发展的内容，激发学生去探究。由此可知，教学过程不再是"程序化"的，而是灵活多变的，为学生留有足够进行自主探究活动的时间和空间。课堂教学的设计和组织形式都必须契合学生的实际、教学的实际，以便于学生进行选择，能够探究，想去探究。

三、协作性原则

协作性原则是根据教师的指导、学生的学习方式和教学的组织形式来确定的。具体则指，学生主体在参与学习的过程中，通过积极的相互支持、配合，尤其是面对面的促进性的合作、互动、交流、探究及语言实践，发展用语言解决实际问题的能力。在此过程中，学习者的积极作用、高密度的交互作用和积极的自我概念，使学习过程远远不只是一个认知过程，同时还是一个交往与审美的过程，有助于培养学生的合作精神和竞争意识，有助于教师因材施教，可以弥补一个教师难以面向有差异的众多学生的教学不足，从而真正实现使每个学生都得到发展的目标。

四、适应性原则

根据学生的认知特点、认知方式，则有适应性原则。适应性在这里是指，在教与学的过程中，要培养学生的自主学习能力，教学方式就不能一成不变或"一刀切"，教学方法要灵活可变，以适应学生学习进度的差异。对此，教学活动要依学生的兴趣和需要而设计，学生才能根据自己的实际情况参与，才能真正促进学生的发展。每个人都有其偏好的一种学习风格，学生只有在采用其偏好的学习风格时，他们才能理解得最好。因此，教师允许学生在学习知识、理解所学内容时有不同的方式，这样才能使学生的理解力处于最佳状态。比如，有的学生喜欢在团体中学习，有的学生喜欢单独学习，有的学生愿意用图表阐述某个观点，而有的学生则偏好在角色扮演或书面报告中表述自己的观点。

五、选择性原则

在自主学习的过程中，学习方式和学习内容都应该具有适应性和选择性。选择性是自主学习的内在要求，学生可以自主地选择学习内容，可以用自己的方式方法去分析理解事物和知识。那么，在这样的情况下，教师就不能再沿用单向划一的封闭教学模式和教学方法，使学生的学习局限于对英语基础知识的掌握和基本技能的形成，而是要强调实际运用能力的获得和提高，强调学习策略和文化意识；另外，由于环境、教育水平、学生本人的实践、主观努力、兴趣爱好和先天遗传素质等不同，学生之间具有较大差异。因此，教师要根据教学内容特点、学生特点和教学资源情况，制订出合适的教学方案，让学生选择适合自己的学习内容，把学生置于必须独立学习、主动探索的境地，促使学生独立自主地学习，并进入良性循环的发展轨道。

第三节　初中生英语自主学习能力现状分析

一、初中生英语自主学习存在的主要问题

实践证明，初中生的英语自主学习水平较低，表现在学习动机不强，学习自主意识淡薄，缺乏必要的学习兴趣和自信心，学习的积极性、主动性、独立性堪忧；自主学习知识和策略方法的掌握处于似懂非懂阶段，没有养成利用基本的学习方法和主动规划、监控调节自己学习的良好习惯；学生对教师有比较大的依赖性，习惯于传统的课堂教学模式；大多数学生对有效利用学习资源比较陌生，只知道教师和教材是他们的学习资源，没有认识到还有网络、图书阅览室等有用的英语学习资源；教师大多是在传统讲授式模式下成长起来的，习惯用传统的教学模式进行教学；学校教学改革滞后，教学研究开展少，英语教学理念落后，对学生自主学习的研究和实践较少；有利于自主学习的教育教学

设施较少，或者没有有效利用；能力本位教育没有得到有效运用。

以上存在的这些问题与初中教育的培养目标和初中英语教学大纲的要求相背离，不利于对学生进行素质教育和能力教育。

二、初中生英语自主学习现状的成因

第一，长久以来实行的传统以教师讲授为主的教学模式是造成这种情况的根本和直接原因。讲授式的教学模式适应于应试教育，它对提高学生的成绩很有效，但对学生的自主学习产生了诸多的负面影响，主要有以下几个方面：

在师生关系上，教师主宰课堂，学生的自主意识和个性被压抑，学生学习的主体地位被忽视。时间久了，这便养成了学生的惰性和依赖心理，阻碍学生自主学习意识和自主性的养成。在教学内容上，教师只注意传授知识，不注意学习策略方法的训练，学生只会死记硬背，应付考试。这种情况必然导致许多学生不会学。在教学方法上，教学方法单一，主要使用"满堂灌""一言堂"和"一刀切"的方式进行教学，不利于因材施教和学生展开自学，导致学生"不能学"。在教学评价上，采用应试教育成绩终结性评价方式来评价学生，忽视学生的个体差异和长远发展需要。学生从小学到初中再到大学，大多是在以应试教育为目的的传统教学模式下走过来的，他们对这种教学模式习以为常；作为教师，传统的教学模式下教师只管教，很少关注学生的学，这样对教师来讲更方便省心，也更能显示师道尊严。但传统的教育理念和教学模式带有明显的应试教育特点，是以牺牲学生自主学习能力为代价的。

第二，英语普遍没有受到学校应有的重视。由于认识不到英语对提升学生人文素养和综合素质的作用或者追求短期成效，表现在随意删减英语授课计划，英语学习从数量到质量都大打折扣，学生的自主学习自然会受到影响。

第三，能力本位教育得不到有效实施。能力本位教育则以价值观念为主要出发点，一方面培养学生的实践能力，另一方面则培养学生的创新能力。英语课程作为初中生的必修课程之一，逐渐受到了大家的关注，但英语教学与目前发展迅速的文化思想进行比较，还有一定差距。因而，在初中英语教学中，充分体现能力本位的教学方法、思想与模式等方面进行融合，是当下初中英语教学的创新及改革之路。

能力本位教育，在初中英语教学中的地位是不可动摇的。随着社会的发展与变化，能力本位应逐渐去适应教学改革目标与要求，一方面为了不断增强学生的综合素质能力，另一方面则为了进一步促进初中生的英语技能，从而在一定程度上增强学生的创新能力。因此，能力本位教育在初中英语教学中是初中英语教学改革的需求。

可以说，能力本位是教育发展的必然趋势。教师在初中英语教学之中要积极地对其进行运用，只有这样才能够保证初中教育的质量，从而促进学生综合能力的不断提升。因此，初中英语教师应把握时机，将能力本位作为初中英语教育的重要目标，提升学生的自主学习能力，实现学生的全面发展。

三、改变初中生英语自主学习现状的思路

（一）改变传统的教学模式

从以上分析来看，采用有利于学生自主学习的新型教学模式替代传统的教学模式很有必要，这是一个重要的前提条件。人文主义学者认为，以学生为中心的教学模式是有利于学生自主学习的教学模式。在这种模式下，教师不再是传统意义上的知识的传递者和灌输者，而是学生学习的指导者、帮助者、组织者和促进者。在整个教学过程中，教师通过利用情景、会话、协作等学习方式充分发挥学生的学习主动性和积极性。操作主义者认为，自主学习本质上是一种操作性行为，它是对外部强化和自我强化的一种应答性反应。自主学习教学模式作为有效的外部相依性强化物，非常有利于教师对学生自主学习的示范和指导，也有利于学生在学习过程中进行自我监控、自我指导、自我评价和自我强化。

（二）采取具体的教学干预

在改变教学模式的前提下，采取一些具体的教学干预是改善学生自主学习现状的根本保证。以下四个方面是成功的自主学习干预应该具有的内容：第一，确保学生知道某种特定的认知学习策略适用于完成某种学习任务；第二，教授学生元认知策略，使其能对自身的学习活动进行监控；第三，教会学生激励自己学习的动机性知识；第四，为学生提供学习内容的必要条件。

我们将上述干预内容概括为以下三个方面的教学干预：

一是要激发学生的学习动机；

二是要教会学生学习策略的知识和运用的方法；

三是要为学生提供必要的外部学习条件。

这三个方面的教学干预可以有效解决学生学习中的"想学""会学""更好地学"的问题，要改变初中生英语自主学习现状就要从以上思路入手。

四、新时期初中英语教学改革创新

英语是一门基础课程，既能够增强学生的汉语运用能力，还能够不断扩展学生的视野。然而，在当今社会环境背景下，学校英语的教学现状让人担忧。一方面，学校英语得不到应有的重视。另一方面，学生的英语素养还有待提升。例如，学生的阅读面狭窄，独自思考及解决问题的能力不高，等等。所以，基于这种现状，学校英语教学改革是迫在眉睫的。

（一）新时期初中英语教学改革的意义

随着社会的快速发展，当今社会已经成为一个交往频繁，且关系复杂的社会。这就说明，学生除了要掌握一定的专业知识之外，还要懂得一定的人际关系处理技巧。因而，在新时期，学校英语教学改革是非常重要的。不仅可以深入培养学生的文化修养，还能够在一定程度上增强学生的社会交际能力。

（二）新时期初中英语教学改革的创新

1. 加强对学校英语教育的重视

在强调教育质量的今天，教师需要提升教学质量，更新其观念。对学校英语教学模式进行改善，让学生能积极并且主动地投入学校英语的学习中去。让学生成为教学的主体，担负起更多的课堂责任。教师更多的是作为课堂中的导演，对学生的学习方向进行控制，更好地对学生的学习进行引导。

2. 创新学校英语教学模式，进行合理的课程设置

学校英语教学模式的创新，需要合理的课程设置。课程的设置需要具有一定的灵活性，并且需要具有一定的实用性。在进行课程设置的过程中，还要考虑到不同水平的学生，根据其需要来进行英语课程的设置。传统的教学方式，使学校英语教学的内容较为单一。因而，为了提升学生的知识文化能力，学校可以根据不同的教学目的及教学需求进行分类。为了提升学生的口语交际能力，学校可以开设有关口才训练与演讲技巧等的课程。

3. 融入创新意识，增强学生创新能力

新时代人才需要具备创新意识，创新是民族进步的灵魂。在学校教学中融入创新意识，能够不断提升学生的创新能力。具体体现在，在进行英语教学的过程中，注重学生的知识积累。具体到学校英语的教学中，教师不仅需要对文章的艺术特色进行分析，还要努力对学生的课本内容进行解读，鼓励学生大胆地发言，主动提出疑问，让学生能够感受到语言的魅力。这样能够有效地对学

生的创新思维能力进行培养。

第四节　初中生自主学习能力培养的途径

一、营造积极的英语课堂环境

环境因素与人类学习存在着密切的相互作用关系。实践证明，良好的学习环境，能促进人的学习。反之，会抵消教育、教学的作用和影响，甚至导致学习结果向人们所不期望的方向发展。课堂是实施素质教育的主阵地，是学生学习和发展所需要的主要环境。因此，教师在英语教学的过程中，要为学生营造积极自主学习的英语课堂环境，也就是一种积极的学习环境，即一个自主、有意义的课堂。怎样的课堂环境才是一种促进学生自主学习的积极的课堂环境呢？具体创建措施体现在以下几点。

（一）创设一种融洽宽松的心理环境

心理环境在现实生活中是实际存在的，客观环境的各种事物，在形成人的心理品质上都起着特殊的作用。客观环境中的各种事物，不以人的意志为转移而客观存在，但只有在它们为人所感受和体验时，才能对人的心理与行为产生影响。现代教学论认为：课堂教学除了知识对流的主线外，还有一条情感对流的主线。民主、平等、合作、友好的师生关系，是愉悦、和谐课堂环境形成的基础。教师应该具备良好的教育素质，与学生"打成一片"，这样就让学生心情舒畅、无拘无束地参与了教学活动，兴趣盎然，为学生的学习创设了一种良好的心理环境。

1. 让学生具有足够多的安全感

让学生具有足够多的安全感，可以使学生有勇气应对学习的挑战。建立一个温暖的、彼此熟悉的、相互接纳的学习场所，如教师在课堂上轻松承认自己的未知之事，然后与学生一同探索。例如，当学生说出一个教师不知道的单词时，教师马上将该词记录下来，并让这个学生解释它的含义。另外，注意发现和挖掘每个学生的优势和闪光点，不断地利用各种机会对学生进行口头和书面表扬。鼓励和奖励逐渐增强了他们的内部学习动机，可使其维持持久的学习兴趣和学习动力。此外，对学生多微笑可以帮助学生排除心理障碍，不怕失败，树立信心，使教师和学生成为教学过程中的合作伙伴。

2.让学生更加自信

教师乐于关心、帮助学生，可以让学生更加自信。例如，认真检查、督促学生完成作业，以建设性、富于激励的方式给予学生快速、准确、相应的反馈，因为建设性的解释使学生更加清楚应如何改正自己的错误。此外，要更注重学生的学习过程，指导学生如何设定学习目标和如何实现目标。给学生设定学习任务，使学生一步步向最终预想的发展方向迈进，这是学生实现自我的最佳途径。

3.使学生感到同伴的认可、教师的支持

同伴的认可、教师的支持，是学生专心致志投入学习的一个重要前提。关心每一个学生，不轻易指责批评学生，常常给学生以鼓励和支持，尤其是关爱那些成绩不太好的学生。例如，在初中英语课堂上，促使学生合作学习，共同探究，自主发展，让师生彼此了解。基于此，学生在这样融洽轻松的氛围中，感受到教师的关心、鼓励，减少了心理压力，独立性、自主性、创造性得到尊重和鼓励，就会积极主动地去学习、去探究。

（二）营造一种积极的课堂气氛

心理学研究表明，兴趣和动机是促进认知发展的支柱和动力。所以在笔者看来，在任何的学习过程中，兴趣是学习动机的前提。因此，激发学生的学习兴趣，使学生形成渴望学习的心理和保持学习热情的最佳状态尤为重要。

首先，教师要让学生产生对英语的内心需求，明确自己是学习的主人，变被动地接受知识为主动获取知识。

其次，兴趣是最好的教师，是动机产生的主观原因，如果学生感到学习是一种享受，一种需求，就会在学习中体会到无穷的乐趣，从而自发地产生学习动力。那么，为了培养学生学习的兴趣，提高学习的自主性，教师要做到：

第一，教师要根据学生的兴趣编排学习内容，例如学完"Country Music"后，要求学生分小组去调查同学的音乐偏好，记录同学为什么喜欢"pop music, folk music, Jazz, classical music"等，然后小组进行交流、汇总，写成一篇短文。

第二，用一些能引起学生兴趣、激发学生思考的方式向学生提供信息和提出问题。例如在学习"A famous detective"前，先给学生提出问题"What do you think a detective is？How should he/she be？"，引导学生说出clever, logical, brave, careful, quick-minded等，再让学生读课文，从中找出与这些词有关的句子。在这样的情况下，学生积极性高涨，思维十分活跃。

第三，设法把课程内容和学生的生活结合起来，采用有意义的方式，灵活多变的教学方法，让各个层次的学生积极主动地参与到学习任务之中。在英语教学中，为了调动学生的学习积极性，笔者根据教材但又不拘泥于教材，运用新颖有趣、贴近生活的方法呈现教学内容，如利用多媒体课件、实物、图画、模拟采访、记者招待会、辩论会、角色扮演等，促使学生全身心参与、全员参与。在这一过程中，学生的学习是有效的，这种学习就是自主学习。所有能有效地促进学生发展的学习，都一定是自主学习。

最后，还要培养学生的成就感。成就动机是指一个人力求实现有价值的目标，以便获得新的发展的一种内在推动力量。成就动机越强的学生，学习积极性就越高，学习的自觉性、主动性和持续性就越强。学生有了主动学习的意识，他们的学习行为就会积极主动，学生的主体性就得以充分体现，自主学习能力便逐渐形成。

（三）给学生自主发展的空间

自主学习的最大障碍是被教师牵着鼻子走，教师包办使学生没有发展的时间和空间。促进自主学习的教学不仅是要给学生时间，观念上也要时时思考给学生创设一种自主发展的环境。因此，教师在传授新知识或解决问题过程中，不能"满堂灌"，而是要为学生提供足够多的自主学习的时间，让学生有充足的时间去操作、去思考、去交流。同时，教师设计的问题和活动要给学生提供广阔的思考空间，由教师将学习任务逐渐转移给学生自己，让他们自己去探索思路，去发现解决问题的方法，使英语课堂成为学生自主探究的场所。让学生展开想象，鼓励学生的创新思维，增强学生学习的自主性。另外，要根据特定的学习内容，确定最佳的合作学习形式。如，在小组活动中，学生可以走动，自由选择最佳的合作伙伴。

二、运用初中英语自主学习策略

学生自主学习，除了具备恰当的自主学习课堂教学模式和学习动机外，还要知道如何学习，也就是"会学"。

（一）自主学习策略的传授

只有学生较为系统地掌握自主学习策略的知识，教师才有可能有计划地对其进行在英语学习中具体运用学习策略的训练，进而最终使学生能够达到独立有效地使用自主学习策略进行自主学习的目的。教师给学生传授自主学习策略知识的方式和途径很多，可以在教学过程中结合教学内容穿插进行，也可以采取专题讲座的方式集中进行，或者将两者结合起来进行。这些方式和途径笔者都曾尝试过，自认为将两者结合起来进行效果更好一些。而给学生做专题讲座时，邀请英语教学研究领域的校外专家来校给学生讲授，比自己亲自讲授更能激起学生的学习积极性，所取得的效果更好些。

（二）自主学习策略在英语学习中的运用

在学生掌握了必要的自主学习策略知识的情况下，教师就要结合大纲要求，加强学生自主学习策略在初中英语词汇，以及听、说、读、写等学习中的具体应用的训练。笔者在学者严明归纳整理的基础上，总结了下面一些在英语学习中常用的学习策略运用的有效方法。

1. 词汇学习自主学习策略的运用

（1）根据语境记忆单词

语境策略是目前流行的词汇学习策略之一，是通过上下文语言环境对出现在文章中的生词进行猜测来学习这个单词词义的方法。

（2）根据单词的读音记忆单词

这种策略就是根据某些字母或字母组合的读音规则来记忆单词。只要掌握了单词拼写与读音之间的关系，就可以正确地拼写单词。

（3）根据同音词记忆单词

英语中有许多同音异义词或者发音相近的词，根据同音词记忆单词可以减少记忆读音的负担。

（4）通过分类理解和记忆单词

人们把单词按照一定特征进行分类，如名词分为动物、职业、交通工具、学习用品、生活用品等，可以用这种方法系统全面地记忆单词。

（5）同义词和反义词对比

通过同义词和反义词对比的方式来记忆单词。如用同义词解释，用反义词对比，帮助记忆。

（6）根据构词法学习、复习、记忆单词

大量英语单词都是加前缀或后缀之后变成的派生词。因此，根据构词法学习、复习和记忆单词不仅很重要，而且很有效。

（7）了解单词的本义和引申义

一个词，当它具有两个以上的意思时，其中必有一个是本义，而其他的则是引申义。引申义是从本义引申发展出来的，大多数一词多义的英语单词都能找出其本义与引申义。

（8）了解词汇学习的目的

让初中生知道学习 1700 个左右的单词，200 个左右的习惯用语和固定搭配才算达到基本要求；达到较高要求则要学习 1900 个左右的单词和 300 个左右的习惯用语和固定搭配。

（9）确定优先学习的词汇

教学大纲根据词汇应该掌握的程度，将词汇学习分为应知词汇和应会词汇。应知词汇使用频率较低，学到基本熟悉就可以；应会词汇使用频率较高，则要能熟练地掌握和运用。要教会学生区别对待。

2. 口语学习自主学习策略的运用

（1）朗读

朗读能够为进行自由口语表达提供有效的准备。学生通过挑选一些难度适宜、自己又感兴趣的文章进行朗读，体味文章的意境，体味抑扬顿挫的语音语调，对增强自己的语感很有帮助。

（2）复述

复述是提高语言组织能力的一个很好的练习方式。在练习过程中，学生可以在通读材料的基础上，试着用自己的语言把主要故事情节重新讲述，可以复述给其他学生听，也可以用录音机把复述内容录下来。

（3）背诵

背诵可以锻炼语音和语调，有助于学生在反复诵读中仔细品味语言的用法和修辞，在记忆和模仿中培养语感。

（4）收集和整理习惯用语

英语习惯用语包括成语、谚语、俗语等。要求学生平时准备一个小本子，随时收集一些习语，这样日积月累，就会提高自己的口语能力。

（5）主动与人交流

好多学生由于缺乏自信，不愿意主动与陌生人进行交流，从而失去了许多交流锻炼的机会。

（6）迂回策略

迂回就是当交际遇到障碍时，如突然某个单词想不起来不知道该如何表达或对某个句型不太确定时，想方设法、拐弯抹角地把自己的想法表达出来的一种灵活应对手段。

（7）适当使用补白语

适当使用补白语是日常对话中常见的交际策略之一。通过这个办法可以延长学生思考的时间，对口语交际有一定的帮助。

（8）提出问题

在交谈过程中提出恰当的问题，对促进学生对话交流很有帮助。

（9）使用肢体语

在交际中积极使用恰当的肢体语言对交流也很有作用。

（10）注意对英语国家文化习俗的了解

为了在口语交际中口语表达更恰当得体些，学生应该广泛地了解英语国家的文化和风俗习惯。

（11）创造机会，营造口语环境

口语是一项技能，平时要求学生要抓住各种机会进行练习，其中参加口语角是一个有效的办法。

3. 阅读学习自主学习策略的运用

（1）预测

预测是学生理解文章意义、进行推理的第一步。阅读时人们往往自觉不自觉地进行预测，对理解文章的内容有一定的帮助。预测的线索主要通过标题和主题句、结合背景知识、通过上下句连接词或已知线索等进行。

（2）略读

略读又称跳读、浏览，是指尽可能快地进行阅读，迅速获取文章大意。略读要获取一些主要信息，略过一些次要信息和细节。

（3）寻读

寻读的目的性很强，一旦找到所需要的信息，寻读任务即告结束

（4）关键词阅读

关键词阅读只阅读句子的核心部分，常用于快速了解文章大意和主要细节。

（5）猜测词义

猜测词义是培养学生根据对语篇的信息、逻辑、背景知识及语言结构等的综合理解去猜测或推断某一生词、难词、关键词的词义的能力。根据上下文猜测词义是较常用的办法。

（6）确定阅读目的

阅读的目的是使学生养成良好的阅读习惯，掌握一定的阅读技巧。

（7）选择阅读材料

教师要结合学生的阅读水平和兴趣，在阅读英语教材的基础上，为学生选取一些难易适中的英语阅读材料。

（8）自我评价阅读过程

自我评价阅读过程要求学生在阅读结束后，能及时地自我检查阅读效果，总结得失，排除阅读障碍，调整阅读思路，为以后的阅读积累经验。

（9）记笔记

教师要求学生在阅读时要养成记笔记的习惯，可以记录一些重要的信息。记笔记有助于学生了解阅读材料的写作目的，明确自己的阅读目的。

4.写作学习自主学习策略的运用

（1）准备写作

构思、确定中心思想，收集与主题相关的材料。

（2）开始写作

构建词汇库，写出正确的句子、段落，列提纲，组织成文。

（3）结束写作

修改内容，修改格式。

（三）运用自主学习策略的注意事项

第一，教师要牢固树立以人为本的思想，在教学中坚持采用以学生为中心的自主学习课堂教学模式，要意识到教师的教是为了学生的更好地学，把教学重点放在学生的如何学方面，这样才有利于培养学生学习策略的运用能力。

第二，教师要清醒地认识到，对初中生来讲，英语自主学习习惯和能力的形成是要经过一个渐进的、漫长的过程的。自主学习能力的提高，也要经历从低级到高级、由单维到多维的演化过程。教师在指导学生运用自主学习策略时，要考虑学生的自主学习现状，应从单项能力或某一方面入手，逐步过渡到多维或多个方面，切忌脱离学生实际，盲目要求学生在较短的时间内熟练掌握自主学习策略的运用方法。

具体指导时，教师可要求学生根据自己的实际，不要贪多，选择三到五种认知学习策略进行学习和训练，从而保证教师对其分别进行指导，直到能基本有效使用为止。对于元认知学习策略的运用，教师可以分层次、分阶段、分步骤地对学生进行培训和训练，如分为学习计划的制订（学期学习计划、季度学习计划、每月学习计划，乃至周计划和日计划），学习计划的执行（自我监控、调节、总结、评估）等步骤分别实施。

第三，指导学生学习策略运用要有效果，就要狠抓细节落实。教师要根据学生的实际情况，积极创造条件，指导学生灵活运用不同的学习策略进行学习。为了掌握学生的自主学习情况，教师要对每个学生学习策略的学习和运用情况建立学习档案，及时记录学生取得的进步和存在的问题和困难，以便根据每个学生的情况及时进行督促和指导。教师指导学生运用学习策略时，要注意方式和途径的选择。学生独立完成家庭作业是学生自主学习的重要形式，教师可以在学生独立完成家庭作业时指导学生灵活选择相应的认知学习策略、元认知学习策略和资源利用策略，对其进行指导训练，这样学生在完成作业的同时，也自然学会了学习策略的运用。长期坚持下去，一定会有不错的效果。

三、运用促进学生英语自主学习的评价策略

（一）知识与情感、态度相结合的评价

对学生学习的评价，既要关注学生对语言知识和语言技能的掌握，又要重视学生综合语言运用能力的发展。同时，还要重视其在学习过程中的情感态度和参与表现，这里的参与不仅仅指行为参与，还包括情感参与和思维参与，要重视学生在学习过程中态度和价值观的形成。因此，评价不仅仅是纸笔考试，还要采用对学生综合语言运用能力、学习态度、行为表现、思维能力和自主学习能力等有促进作用的评价方式和评价标准，以发挥评价对于激励和促进学生学习，指导教师改进教学的功能和作用。

（二）激励为主，生生互评

鼓励学生进行自我评价和相互评价。自己的进步和同伴的赞赏，都是学生学习的强大动力。初中生日趋成熟，希望自己能给周围同学留下好印象，然而他们还不能应付情绪的波折，易产生挫折感。因此，教师在评价的过程中要以肯定与鼓励为主，并充分利用好学生之间的相互评价的作用，使评价成为增强学生自主学习积极性的手段。另外，教师在教学过程中不妨应用延迟评价，对问题情境、对学生回答的问题暂时不做评价，为学生留下广阔的思维空间。对结果的过早评价，会中断学生的思维脉络，引发学生的心理不适和烦躁，更重要的是会错失发展学生自主解决问题能力的良好时机，最终削弱学生自主学习的积极性。例如，学生在"听力情况反馈表"中看到自己的错题数越来越少，在短剧表演后得到同学的掌声与喝彩，这些比教师给一个分数更使人有成就感。

（三）运用"反思认知"法自我评价

"反思认知"即"自我评价"，"自我评价"隶属于学习策略之中的元认知策略。从心理学角度分析，人对事物的看法是由自己来调节的。学生要学会学习，必须学会自我评价、自我调节和自我监控。通过不断地对学习过程、

方法、效果的分析，及时反思在学习中的得失，从中总结出自己的学习规律。与此同时，进一步获取和发展新的元认知知识，从而更好地指导自己的学习。为此，笔者设计了一张有关"反思认知"的周信息表，来帮助学生学会通过自我计划、自我调节及自我评价来监控自己的整个学习过程。"反思认知"周信息表如下：

表 7-1　"反思认知"周信息表

步骤	学前反思（自我计划）		
周次 内容	要完成的听、读训练任务	要完成的口语训练任务	要掌握的语言知识
第一周			
第二周			
步骤	学时反思（自我计划）		
周次 内容	遇到的问题	思考的过程	运用的办法
第一周			
第二周			

步骤	学后反思（自我计划）			
周次 内容	听、读训练 的正确率	口语表达的熟练程度	语言知识错、漏点	将采取的 补救办法
第一周				
第二周				

每两周查阅一次这些周信息表，组织学生进行交流、总结，帮助学生总结经验、反思得失，取长补短，以便更加丰富和完善英语学习方法，调整学习策略。

（四）运用强调自主学习过程的评价方式

强调自主学习过程的评价，重视学生在活动中的参与性，让学生参与到评价中，让学生更了解自己的学习。学生看到自己在学习过程中的每一点收获，增强了自信心；学会分析自己的不足，明确努力方向，不断调整学习策略。例如，在"四人剧团"和"阅读报告"活动中，学生可以选择自己感兴趣的故事和主题，他们对这些活动投入了极大的热情。学生在评选本学期最难忘的一件事时写道："英语短剧的表演使我印象最深。它不仅锻炼了我们的口语，还增加了我们的勇气""我想学习英语不应只是做练习，使用应该是最重要的。如果我们多做一些短剧表演和游戏，我们会发现英语学习有趣得多，容易得多""短剧表演是最有趣的。它不仅带给我们笑声，还给了我们很多练习的机会。我们不仅要熟记台词，还要有表情和动作。这真是我们改进语音语调和增强口语表达能力的一次很好的机会"。

综上所述，学生学习英语的兴趣和态度，在学习过程中的参与意识和参与程度，在双人活动和小组活动中的合作精神，在学习进程中的智力发展、综合素质和价值观的形成等，这些都是学好外语的重要因素，而这些因素是无法通过定量方式测定的，也无法在终结性评价中反映。因此，记录学生英语学习过程的评价的重要性就在于能够让学生认识自我，从而实现自主学习、自主发展。

四、运用培养英语自主学习能力的教师策略

（一）初中生英语自主预习能力培养的教师策略

有效预习对培养学生的目标意识、计划意识、自我监控能力等，都有着不可小觑的作用。笔者所在的课题组结合各个新课改前沿学校的成功经验，构建了"预习导学"的课堂模式，形成了多种有效的预习形式，并在多次课堂教学实验中被证明是有效的，初中英语课堂亦可借鉴。

1. 构建"预习导学"的课堂模式

初中新课程理念要求教师在教学过程中应"满足学生不同的学习需要"，而教师的教学目标常常来自课标、教参或其个体经验。如果学生的预习总是停留在"教师说、学生答"阶段，那么预习就不是基于学生知识与能力现实的目标学习，其针对性与有效性将大打折扣。所以，教师应当突破问题预设，尊重学生预习中问题的动态生成。

"预习导学"，即把学生课前、课中的预习成果作为教师了解学生的认知起点，在此起点上设置"基于预习的目标学习（重难点）——当堂巩固训练（评价）——布置下节课预习任务"的课堂环节，构建了科学的预习方式，如下图：

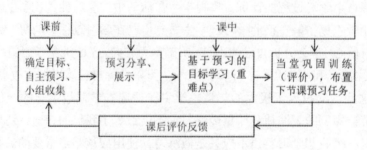

图 7-1 "预习导学"的课堂模式

这样的预习模式突破了常规，促进了"生生合作型"和"师生合作型"预习新模式的产生。一方面，在预习时，学生不必受条条框框的限制，不必再做重复的填空练习，而是就自己预习时产生的问题与小组成员进行交流，在相互交流、启发中，必然可以生成有质量的、有深度的问题。另一方面，由于教与学是教学实践中两项最主要、最基本的活动，因此在教师指导下的师生合作就显得尤为重要。

2. 创新预习形式

首先，教师可以试点开设预习课，保质保量地完成预习。实践证明，时间是干扰预习的最大因素。因此，教师可以尝试开设预习课，使学生在教师的具体指导下发现问题，提升预习的效能。预习课的设置，也可以让学生"学会预习"。在具体的操作方法上，教师可以设计相关的预习内容，以"预习单"的形式呈现；使用相关的指导检测工具，对预习课堂实施时间管理。比如，将一堂40分钟的预习课分为"20+15+5"三个时段，前20分钟让学生完成预学单上的任务；中间15分钟以小组合作为主，发现问题、提出问题，并尝试初步解决问题；最后5分钟，教师总结评价。

其次，教师可以让学生进行分层预习，有区别地要求不同学业水平的学生。每个学生的智力都各具特点并有自己独特的表现形式，有自己的学习类型和学习方法。基于此，初中英语教师应体现出对学生学习现实和个性爱好的尊重，并照顾到不同学生的需求，激发学生的潜能，促进学生个性的发展。具体的做法就是，把预习作业分层，基础不同的学生完成不同的内容。

最后，教师可以让学生进行网络预习，借助科技手段构建知识体系。当今时代，资讯发展迅猛，如果教师只是照本宣科、坐而论道，学生不会买账。在教育教学的过程中，鼓励、支持学生利用网络进行学习，进行知识的自主构建，是当今教育的一大特色。因此，教师可以根据学习的具体内容，在某些章节创造性地开展网络预习。比如，对于某些语法知识，教师可以让学生走进微机房，在教师的指导下，自己动手在网络中搜寻相关知识，在海量信息中提炼、整合自己需要的内容，使学生的自主构建能力得到很好的培养和发展。

（二）初中生英语课中合作探究能力培养的教师策略

有效的课堂探究来自班级"学习型小组"的成功构建，以及小组文化建设的有效跟进，由此才能建立起一种课堂自主学习模式，并保证其有效实施。笔者所在的课题组结合本校"451阳光课堂"教学模式等多种课中合作探究形式所提倡的初中生自主学习能力培养模式，被认为是积极有效的，在英语课堂中的应用尤为如此。

1. 构建学习型小组

（1）科学构建学习型小组

科学而完整的小组建设和管理体系，是小组合作学习、提升课堂效率和增强学生自主学习能力的基础和保障。通常情况下，小组成员人数以 4 人或 6 人为宜；教师应对自由组合而成的小组在成员搭配上进行结构性调整，以实现小组成员间的能力互补、性别互补和性格互补；小组成员的频繁更换不利于学习小组团队意识的生成与增强，成员相对固定有利于成员间形成学习团队的凝聚力和学习型小组的建设，有助于学生自主学习能力的提升。

基于此研究，我们可以拟定遴选组长的六条标准及配置组员的基本要求，并从初一年级开始全面开展班级小组的建设工作。遴选组长的六条标准为：第一，态度积极，率先垂范；第二，习惯好，学习效率高；第三，人品好、威信高、负责任；第四，组织管理能力强；第五，善于沟通、交流、反馈；第六，集体荣誉感强。配置组员的基本要求为：第一，尊重学生意愿；第二，尊重学生差异；第三，教师合理协调；第四，组员相对稳定。

（2）文化引领学习型小组

为了保证学习型小组运作的科学性与可持续性，必须跟进小组文化建设，这样才能形成组员学习的共同愿景，明确小组成员的学习责任和使命，激发小组成员的学习热情，形成小组成员的共识价值观，营造出一种尊重个性、积极阳光的学习氛围，也能极大地丰富班级文化。

教师可以指导学习小组制订组约，形成学习小组的管理制度。校有校纪，班有班规，组有组约。在学生充分参与的情况下，围绕本学习小组的愿景，制订符合本组组员实际的能执行、可检查、共遵守的组约。组约的制订，要以自主监控、自主管理为两大目的，以民主参与、务实可行、共同遵守为三大基本原则。具体的组约，应细化到具体的任务要求。比如，"每人至少 2 天回答 1 个英语问题""每人每周至少解决一个英语重难点的消化理解问题"等等，越细越好，越可操作越有益。

教师可以指导学生构建多元化学习型小组文化。多元化是现代文化的重要特征，应当给予充分的重视。教师可以把这种理念延伸到班级学习型小组文化的建设之中，以此体现对学生个性特征、情趣爱好、心理特点、价值取向等诸多差异的尊重。在此思想指导下的小组文化建设，改变了整齐划一的模式，张扬了学生个性，体现了积极向上的价值观。比如，可以让学生在课桌上放置学习小组的英语标识牌，时刻提醒学生自己是小组中的一员。

2. 建立和实施自主学习的课堂模式

在庞维国教授"合作学习为集体性自主学习"这一理念指导之下，在班级教学中采用渗透自主意识的"小组合作、探究"的教学策略是有益的。经过近一个学期的实践探索，笔者所在的课题组在"451"理念指导下，建立了一种富有自主学习特色的课堂模式——"451阳光课堂"，这是一种基于"导学案"的自主学习教学的课堂模式。对于"451"理念，我们可以这样来界定："4"指在课堂上要渗透四种能力，即创新能力、探究能力、生成能力、合作能力；"5"指在课堂上要有五个着力点，即注重过程、强调习得、鼓励生成、渗透思想、砥砺精神；"1"指上一堂课要为孩子一生的发展着想。

教师可以把课堂互动作为重要切入点，以自主探究的小组合作学习生成师生之间、生生之间和学生与文本之间的有效对话，促进学生学习思维的良性活动，使学生从教学的被动接受者成为课堂学习的主动者。"451阳光课堂"模式，具体如图7-2所示。

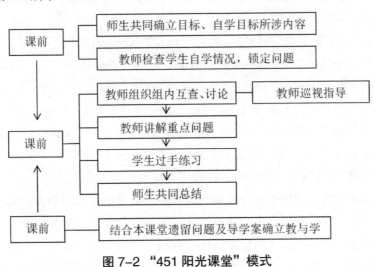

图7-2 "451阳光课堂"模式

此教学模式要求在课前学生根据"导学案"确立个性化的学习目标，并开始初步学习，生成问题，做好记录。教师对学生进行方法指导、过程监控、时间管理，并整合学生的问题，调整教学进程；在课中，学生以小组为单位互学、互查，过手训练，独立思考，小组互评，展示结果，合作总结。教师组织小组互学、互查，对小组不能解决的个性化难题及时介入指导解决，锁定共性问题，统一讲解，组织展示，激励评价，指导学生，总结评价；在课后师生均须结合本堂课遗留问题及导学案，再次确立教与学的新目标。

3. 采用多元化的课堂激励评价方式

"被人认可"是一个人内在的、深层的需要。教师激励学生，是激发学生的内驱力，使其更自觉、更好地学习、发展自己。同时，激励性评价也是最有效的激励手段。面对变幻不定的动态英语课堂，面对个性鲜明的学生，面对不同的课堂教学情境，教师应采取多种方式，实现课堂激励评价方式的多元化。

（1）教师可以采用多样化的语言激励评价方式

使用激励性评价的语言，教师与学生处于一种良性的"对话"状态。而"对话"作为一种特殊的课堂交往方式，是教师促进教学过程互动、发展的有效策略，也是对传统灌输式"独白"课堂的一种有意义的挑战。以平等和蔼的态度对待学生，让学生在尊重、信任、理解和宽容的氛围中受到激励和鼓舞，得到指导和建议。在教师与学生、学生与学生之间相互对话、相互沟通和相互理解的过程中，学生的潜能得以激发，增强了学生的学习能力，促进了课堂效率的提高。

比如，对于学生的不同表现，教师可以说"Excellent！"（好极了！）、"Very good！"（很好！）、"Good！"（好！）、"Well-done！"（不错！）、"Failure is the mother of success"（失败是成功之母）、"One will succeed by correcting mistakes"（通过集错，我们也能进步）、"I believe you can do it better next time"（我相信下次你一定能做得更好）、"Come on！ Share your ideas with us！"（来吧，和我们分享一下你的观点！）等等。

（2）教师可以采用集体化、过程化、自主化的评价方式

集体荣誉观是促使学生在互助与监督中，提升自主学习能力的动力之一。基于此，教师在课堂管理中，将小组成员的评分与整个小组评价融为一体，并将小组评分作为各项评比的重要指标，有利于增强小组成员的合作意识，从而提高合作效率，增强学生的自主学习能力。由于部分学生存在以自我为中心、不把学困生放在眼里、依赖优生等现象，合作学习有时会流于形式。为了杜绝这些现象，教师可以通过完善小组评价体系，实现课堂评价集体化。教师可以利用墙报、小黑板等记录各个学习小组的学习状态，组内每个成员的进步分数之和构成小组的总成绩，并对获胜的小组给予奖励。这样一来，每一个小组成

员的表现与小组的评价都息息相关。

运用过程化评价方式，教师对小组评价的内容不再只是一张成绩单，而是关注学生的整个课堂学习过程。教师可以制订"小组成员学习过程记录表"和"班级小组学习过程记录表"供组长记录和监督。教师也可以采取达标制，即小组的成绩超过某一标准就获得奖励，如果所有小组都超过这个标准则均可获得奖励。或是，在每次小测验后，对小组的总体表现进行评定和奖励。

小组被组员认可，是成功地进行小组合作学习、提升课堂效率、增强学生的自主学习能力的基础和保障。教师在课堂教学中可以要求学生对自己和他人的学习与表现做出评价。教师可以用以下两种方式实现学生点评自主化：一是采用小组内自查、互查、互评的方式，二是采用面向全班当堂点评他人的方式，以督促学生解决预习中的问题。与此同时，也能让学生在交流对话中，增强公众演讲能力。

（三）初中生英语考前自主复习能力培养的教师策略

调查显示，无论是文科还是理科，学生认为相对于传统课堂讲授式的考前复习而言，自主复习是更佳的复习方式。笔者通过调查和统计，整理了一些相关的、有效的教师策略。

1. 备课组行为

首先，备课组要负责编写英语的复习纲要。备课组为学生提供科学、系统的复习方法策略指导是必要的。纲要需要体现教师在自主复习过程中的整体思路，包括构建知识框架及确定复习的内容、范围，复习的重点、难点，复习的方法、步骤和参考资料等。一份好的纲要就是将教师的这些意图和要求明确、完整地传达给学生，并且具有较强的操作性，给学生整个复习过程以重要的指导。鉴于英语学科的各知识点在识记和应用的程度上有所差异，偏重识记的部分应精编复习纲要，搭建知识体系，让学生自主复习时更有据可循；而偏重应用的部分应在各知识板块后，精选适量的自测题并附以详解，让学生经过知识梳理后再适度练手，检测自己灵活应用的程度。需要注意的是，无论是对理科学生还是文科学生，教师尤其应当在审题上给予学生帮助。

其次，备课组应当负责精选试题，即精心选择练笔时间的试题。教师把平时或在学生自主复习期间搜集、整理的一些典型题例、新题型及学生易错题等反映在试题中，给学生以另一种形式的非常有价值的指导。在这样的情况下，备课组精心编制的自主复习纲要和试题清单，能在自主复习期间给学生提供非常有效的帮助。

2. 班主任行为

首先，班主任可以实行全天班级坐班制，全面管理班级纪律。班主任坐镇班级，会让学生拥有较强烈的安全感，使其能静心学习。其次，班主任可以创设良好的课堂环境。这一点至关重要，良好的课堂教学环境是初中英语复习效果的重要保证，它包括两个重要组成部分：外在的物质环境和内在的师生心理氛围。内在的心理氛围更根本，而外在的物质环境会影响学生的内在心理。

一方面，在学生自主复习期间给学生提供一个安静、整洁的环境，可以让学生身心舒适，心无旁骛地学习，让他们处于最佳状态。班主任尽最大努力保障本班复习期间的纪律，让学生保持绝对安静，绝不允许个别学生去干扰别人。鉴于自主复习对于环境的高要求，教师在与学生进行个别交谈时要注意所处的环境。若是在答疑，宜在办公室或教室外进行，确保不影响其他学生的自主复习；若是在谈心，宜在办公室（相对静谧又不影响其他人的环境）或是视野开阔处（如走廊或楼梯口等面向葱郁植物的地方）进行，同时注意语气的轻重缓急和音量的高低。另一方面，课堂积极心理氛围的创设是一项巨大的工程，它意味着学生愿意、乐于、自愿地参与课堂。自主复习看似学生各自为营，实则是一个关联密切的整体。班级的课堂复习氛围至关重要，它会对每一位学生产生直接的影响。班主任可以从以下三个方面着手：

第一，建立融洽、平等的课堂人际关系。将课堂建设成一个师生之间、生生之间相互熟悉、尊重、合作的学习场所。教师除了关心学生的课堂生活，还要关心学生的课外生活，多方位了解学生，及时把握学生的心理动态，及时做好心理辅导工作，让学生信赖教师，建立起和谐、融洽的师生关系，让学生乐于听从教师的安排和指导。

第二，自身起到示范作用。为了给学生营造更好的复习心理环境，学生在紧张复习的同时，教师也要与学生一道"奋斗"。教师可以利用学生自主复习这段时间，发现、收集学生的共性问题，收集一些新信息、新题型，思考、弥补平时教学中的疏漏之处，对学生的常错点进行提醒、强化等。这样既可以增强复习的针对性和有效性，又可以以教师自身对问题认真钻研的精神和态度给学生起到很好的示范作用，让学生与教师产生共鸣，从而促进学生的学习。如果教师在教室内处于一种闲散状态，甚至做一些与教学无关的事（比如玩手机等），则会给学生造成消极的心理影响。

第三，以直观的视觉化方式给学生以激励。班主任可以在黑板上写一些激励、提醒的话语，比如："静心、专注、投入、高效""为了理想，冲刺"等等；不同的时间段、不同的班级，黑板上的标语可因学生的不同心理、不同班级文化而不同。学生在进行自主复习四五天后常常会感到疲倦，针对这种情况，班主任在黑板上写的标语就可进行适当的调整，可写"坚持，就是胜利""战胜自己"等等，给学生以激励。

综上所述，初中生进行自主预习、课中自主探究和考前自主复习都是提升学习力的重要方式。虽形式不同，但三者互相作用，形成了一个有机的整体。在实践运用过程中，自主预习的设计、自主课中合作探究的模式，以及考前自主复习流程，能较好地增强初中生英语自主学习能力。

五、有效运用能力本位教育

（一）运用能力本位教育，更新初中英语教师的教学理念

教师是英语教学的决定性的因素，教师的教学行为受到教学理念的支配。教学理念可以说是教师进行认知的基础，是能够决定教师教学的指南。教师对教师角色的认知以及对教学理念的理解，决定教师所采取的教学手段。初中英语教学理念需要不断调整，以紧跟教育改革的发展步伐。将能力本位的教学观念融入初中英语教学，从而对学生的综合能力进行调整，并以这样的方式实现学生自主能力的培养。教学理念的转变可以说是初中教育发展的前提，只有将英语与实际生活相结合才能够促进初中教育的发展。

（二）运用基于重视突出应用能力的英语考核方式

初中教育的"能力本位"目标决定了其进行考核的重点应当从知识体系转为应用能力。应用能力主要分为听、说、读、写、译等方面的能力，课程考核要真正地对学生的知识能力以及其素质进行全面的测试，从而提升学生的英语综合能力。

参考文献

[1] 崔刚，罗立胜.英语教学理论与实践 [M].北京：对外经济贸易大学出版社，2006.

[2] 傅瑞屏.英语课程与教学论 [M].广州：广东高等教育出版社，2014.

[3] 何树声.中学英语自主教育策略 [M].广州：广东教育出版社，2013.

[4] 李友良.英语学习策略与自主学习 [M].上海：上海交通大学出版社，2011.

[5] 林新事.英语课程与教学研究 [M].杭州：浙江大学出版社，2008.

[6] 鲁子问，张荣干.中小学英语真实任务教学理论与实践 [M].北京：中国电力出版社，2005.

[7] 鲁子问，康淑敏.英语教学方法与策略 [M].上海：华东师范大学出版社，2008.

[8] 吕良环.外语课程与教学论 [M].杭州：浙江教育出版社，2003.

[9] 潘亚玲.外语学习策略与方法 [M].北京：外语教学与研究出版社，2004.

[10] 皮连生.教学设计 [M].北京：高等教育出版社，2002.

[11] 沈昌洪，王之江.自主学习在英语教学中的应用 [M].北京：首都师范大学出版社，2005.

[12] 束定芳，庄智象.现代外语教学：理论、实践与方法 [M].上海：上海外语教育出版社，2008.

[13] 王笃勤.初中英语教学策略 [M].北京：北京师范大学出版社，2010.

[14] 王笃勤.英语教学策略论 [M].北京：外语教学与研究出版社，2006.

[15] 文秋芳，王立非.英语学习策略理论研究 [M].西安：陕西师范大学出版社，2004.

[16] 肖礼全.英语教学方法论 [M].北京：外语教学与研究出版社，2006.

[17] 张志远.英语课堂教学模式 [M].北京：中国物资出版社，2010.

[18] 钟启泉.教学模式论 [M].上海：上海教育出版社，2002.

[19] 周军.教学策略 [M].北京：教育科学出版社，2007.

[20] 金泽略. 浅析初中英语语法教学的现状及对策 [J]. 读写算（教研版），2014（07）：277.

[21] 陈学海. 浅谈英语课堂教学初中生自主学习能力的培养 [J]. 学周刊，2018（23）：96-97.

[22] 何金莲. 论高中英语教学中学生自主学习能力的培养 [J]. 学周刊，2017（35）：104-105.

[23] 李弢. 英语教学中培养自主学习的思考 [J]. 东疆学刊，2009（01）：76-78.

[24] 刘晓春. 高中英语教学中对学生自主学习能力的培养研究 [J]. 西部素质教育，2017（11）：135.

[25] 周艺. 核心素养框架下的高中英语口语教学研究 [J]. 海外英语，2017（10）：24-25.

[26] 周丽洁. 试论高中英语教学中学生自主学习能力的培养 [J]. 英语广场，2016（06）：163-164.

[27] 王艳玲. 新课程视域下高中英语词汇教学的问题与对策研究 [J]. 中小学教师培训，2015（07）：56-58.

[28] 买春艳. 翻转课堂模式下培养学生英语自主学习能力 [J]. 淮阴工学院学报，2016（06）：82-85.

[29] 昝妮，周晓玲. 翻转课堂模式下培养学生英语自主学习能力的探究——基于课堂活动设计 [J]. 科教导刊（中旬刊），2016（20）：120-122.

[30] 卢卿. 自主合作走向高效的学习之路——英语高效课堂下对学生自主能力的培养 [J]. 亚太教育，2016（05）：252

[31] 沈巧妮. 电子书包在初中英语阅读自主学习中的应用研究 [D]. 济南：山东师范大学，2017.

[32] 陈卓琳. 生本教学理念下高中生英语阅读能力培养研究与实践 [D]. 哈尔滨：哈尔滨师范大学，2016.

[33] 庄筱慧. 教师引导下的自主学习策略运用研究 [D]. 苏州：苏州大学，2017.